宗教学关键词
（第一辑）

金 泽 主 编
袁朝晖 卓玲明 副主编

宗教霸权

苏杭 著

商务印书馆
创于1897 The Commercial Press

国家社会科学基金重大项目“宗教学理论的基本范畴研究”（22&ZD254）系列成果

宗教学关键词
总　序

宗教学研究在人文社科领域中属于跨学科的一个领域。来自不同学科的诸多学者在这一领域辛勤耕耘多年：宗教史领域的各个宗教史、教派史、地域宗教史、各国宗教史、通史、断代史、专题史的研究成果累累；宗教学理论则在其发展进程中形成了宗教社会学、宗教人类学、宗教心理学、宗教生态学、宗教与哲学、宗教与政治、宗教与艺术、宗教与科学等诸多分支学科，无论是国际还是国内的研究成果，都不断地推陈出新。相对于宗教史方面的研究成果和已经具有相当规模的现状调研和政策分析，对宗教学基本理论的建构性研究，无论是成果总量还是从业的专家学者数量都明显偏少。为此，在国家社科基金重大项目“宗教学理论建设的基本范畴研究”框架下，我们推出“宗教学关键词”研究系列，意在为进一步推动宗教学理论的发展提供平台，使中国的马克思主义宗教学理论研究形成具有中国特色的理论体系，同时吸引更多的学者（特别是中青年学者）关注和投身宗教学基本理论研究。

目前，国内外关于宗教的各类词典已有不少，或是全域性的或专门针对某个宗教，体量不等，大多词条少约百字多则千字计。如，1985年伊利亚德主编了英文版《宗教大百科全书》，涵盖面很广，多数词条字数较少，虽有少数词条字数较多，但多是某一宗教或宗派的介绍。“宗教学关键词”研究系列并非一般的词典或百科全书式编纂，而是系统性的专题研究，无论是从体量上还是从性质上来说都属于学术研究与探讨。探讨的每个关键词都是宗教学理论的一个基本范畴。这种探讨的基础是相关学术史的发展历程和积累，同时也具有面向当代的问题意识。是对传统的“继往”，更是为学科的“开来”。

“宗教学关键词”研究系列体现三个特征：一是继承性、民族性；二是原创性、时代性；三是系统性、专业性。宗教学理论产生于西方，而我们的目标是形成以马克思主义宗教观为指导、立足于中国社会、体现中国各宗教历史发展和互动特色、系统化的宗教学理论，因此这个研究系列“既要立足本国实际，又要开门搞研究”：它的立场和方法是马克思主义的，它的情怀是中国的，它的眼界是世界的。

首先，马克思主义、马克思主义宗教观、马克思主义宗教学理论，三者虽有侧重点与关注面的不同，在人类认识自然与社会的整个知识体系中的位置和功能也不相同，却具有内在的贯通性。这种贯通性主要体现在马克思主义宗教学理论是以马克思主义作为它最根本的立场、观点和方法。无论面对大千世界的何种宗教现象，无论面对古往今来的何种关于宗教的理论学说，马克思主义宗教学理论都运用马克思主义的基本立场、观点和方法加以分析、定位和扬弃。而马克思主义的基本立场、观点和方法，最主要的就是历史唯物主义和辩证唯物主义。马克思主义宗教观主要是马克思、恩格斯、列宁等人在运用历史唯物主义和辩证唯物主义分析、阐释宗教现象、宗教形态、宗教学说和宗教运动的过程中，提出的一些基本论断和观点。今天，当我们面对千姿百态、复杂纷纭的宗教现象与学说时，特别是遇到与马克思、恩格斯、列宁他们得出那些具体论断所依据的生活时空不同的时空场景时，我们要像马克思他们那样，运用历史唯物主义和辩证唯物主义对当下的宗教问题做出与时俱进的分析和判断。

其次，作为生活在中国这块土地上的21世纪的中国人来构建马克思主义宗教学理论，我们与马克思、恩格斯、列宁他们生活的时代不同、国度不同，面对的问题也有差异，我们有中国的文化传统和背景，我们经历了与西欧和俄国不一样的现代化进程，我们国家处理国内国际问题的历史经历和经验也与当代的其他国家有所不同，所以我们是带着中国情怀建构中国马克思主义宗教学理论体系的。所谓中国情怀，我理解至少有三重含义。第一，中国情怀基于我们有着悠久的人文主义传统。这个人文主义传统内容非常丰富，在中国复杂的宗教信仰丛林中，有一条主线贯穿其中，这就是和宗法制度紧密结合的“祖先崇拜”“天命崇拜”和“圣贤崇拜”，这条主线影响了世世代代中国人生活的方方面面，更使中国人的宗教意识独具一格。第二，中国情怀在于中国有着特殊的有关宗教的历史经验。在中国历史上，尽管各种宗教层出不穷，儒家学说宗教化倾向日趋明显，有的地区也确实出现过程度不同、时间长短不一的政教合一政权，但从全国政权的性质观察，始终是世俗的王权居统治地位。宗教不仅根本就没有实现过大一统，而且大多数处于“助王政之禁律，益仁智之善性”的辅佐地位。中国宗教的演进，绝大多数是以和平方式进行的，未经突变的革命，更没有对旧宗教的彻底荡涤；各宗教互相渗透，在分化中有融合，在演进中有积淀。第三，中国情怀还源于近现代中国社会的巨变，中国人争取民族独立和社会民主的奋斗历程，世界战争、政治、经济、宗教的格局演变及其对中国诸宗教的影响，特别是中国共产党建党百年来处理宗教问题的实践经验，使近现代中国人不仅有历史传统的影响积淀，而且在大起大落的风云变幻中对宗教的社会历史作用有了切身的体验和感受。

最后，人类对自然和社会的认知是个不断探索、大浪淘沙的过程，而认知的获得一是来自人类追求真理过程中的实践和实验，二是来自与前人和同时代人认知成果的对话。它们包括马克思主义基本原理、马克思主义中国化的成果及其文化形态、中华优秀传统文化，以及世界上所有国家哲学社会科学研究取得的积极成果。正如毛泽东所说，“我们的态度是批判地接受我们自己的历史遗产和外国的思想。我们既反对盲目接受任何思想也反对盲目抵制任何思想。我们中国人必须用我们自己的头脑进行思考，并决定什么东西能在我们自己的土壤里生长起来”。与各种实践实验成果和认知成果的互动，既是吸纳，也是扬弃，既有批判，也有创新。只有在此基础上，才能实现在建构中国马克思主义宗教学理论体系中树立学术的主体性的目标。

中国马克思主义宗教学理论体系的建设任重道远，只要我们秉持的立场方法是马克思主义的，情怀是中国的，眼界是世界的，就能行稳致远。

“宗教学关键词”研究系列意在突出以下特点：一是在充分吸收、体现和反思国际宗教学界的相关研究成果的基础上，做出对各个范畴的系统性梳理与研究，同时也体现出国内学界对这些范畴的研究状况等。二是凸显问题意识，对已有的相关成果，不论是中国的还是外国的，都要带有批判的眼光，在发现问题、提出问题和解决问题的过程中推进理论的发展或提升。三是注意吸收中国经验，将中国历史文献与当前田野调研中的宗教现象、现状同现有的宗教学理论相对照，探寻新的理论生长点。四是引介一些范畴的新研究成果，虽然它们可能会略显不成熟或令人一时不好接受，但为我们提供了可以借鉴和带来启发的认识工具和分析工具。

为此，每个范畴的成果体量平均为七万字，包含的内容主要有:（1）这个范畴的起源、发展的学术历程；（2）这个范畴的基本内容；（3）与这个范畴相关的代表人物、学派及其主要观点；（4）这个范畴与相关学科或分支的基本关系和作用等；（5）这个范畴在中国的研究脉络；（6）这个范畴的进一步开拓点；（7）与此范畴相关的重要的中外参考文献。

“宗教学关键词”研究系列的出版，要感谢商务印书馆的大力支持。研究系列计划以“辑”为出版单位，每辑涵盖七个基本范畴，成熟一辑出版一辑。这一系列研究将出自众学者之手，既是大家对这一研究发展方向的认可，也是每位参与人为宗教学研究添砖加瓦的成果。若真能达到预想的学术建设和积累目标，不仅中国宗教学理论将自身具有一个更加坚实的理论基础和平台，而且对于培养学术新兵，对于在社会上普及宗教学常识，对于宗教学理论创新，也都会大有助益。

目 录

第一章 “霸权”概念……1

第一节 “霸权”的词源及含义演变……1

第二节 文化霸权理论……6

第二章 奥托·马杜罗的宗教霸权理论……11

第一节 奥托·马杜罗其人……13

第二节 奥托·马杜罗的“宗教霸权理论”……16

一、奥托·马杜罗的理论依据……16

二、宗教在霸权结构中的作用……24

三、宗教的反霸权动力……35

第三章 宗教与霸权……41

第一节 宗教与霸权的关系……43

一、社会控制与规范……44

二、身份与排他性……49

三、经济和政治利益……52

四、抵抗与解放的工具 ……………………………………………58
第二节 宗教霸权何以成为战略 ……………………………61
一、宗教霸权与文化和意识形态传播战略 ……………62
二、宗教霸权与政治影响力战略 ……………………………64
三、宗教霸权与经济战略……………………………………………67
四、宗教霸权的社会和法律规范战略……………………………68
五、宗教霸权在国际关系与冲突解决中的战略………………70
六、宗教霸权的教育与价值观塑造战略 ……………………71

第四章 宗教霸权战略的实证分析 ………………………… 73
第一节 韩国宗教霸权的经济战略 ……………………………73
第二节 韩国宗教霸权的法律和政治战略………………………78
第三节 韩国宗教霸权的教育文化战略…………………………83
第四节 韩国宗教霸权的压迫战略 ……………………………86

第五章 对宗教霸权研究的反思与展望………………………… 91
第一节 宗教霸权理论的局限性及拓展……………………………91
第二节 宗教霸权的尽头 ……………………………………… 101

参考文献 ……………………………………………………………109

第一章
“霸权”概念

第一节 “霸权”的词源及含义演变

“霸权”这一概念在古希腊语中的原词是ἡγεμονία（hegemonia），源自ἡγέομαι（hegéomai），意为“引导”或“领导”。作为一个抽象名词，霸权首次出现在希罗多德的《历史》中。这一词根在古希腊语中具有广泛的应用，通常与领导、指导或主导地位有关，表达了领导或统率的概念。其词根ἡγε-（hege-）是指那些具有引领或指挥能力的人，通常是指政治或军事领袖。[①]最初，ἡγεμονία指的是个人领袖的能力或品质，如军事将领的统率能力或者政治领袖的引导能力。在最早的使用中，“霸权”主要描述个人的领导力或统率能力。这通常是

① Chantraine, P., *Dictionnaire étymologique de la langue grecque*, Paris: Klincksieck, 1968, p. 152.

指在军事或政治方面具有显著影响力的个体。这种个人霸权的基础是个人能力、魅力、智慧或其他领导特质。例如，一位将军通过卓越的战术和战略展示其霸权，或者一位政治领袖通过智慧和政治手腕确立其领导地位。

随着时间的推移，这个词逐渐演变为涉及整个集体的概念，特别是在描述城邦间的关系时。在古希腊的城邦体系中，“霸权”逐渐成为描述一个城邦在一系列联盟中主导地位的术语。这种霸权不仅基于军事力量，还包括政治影响力、经济控制力和文化影响力。在古希腊，这种领导地位通常是通过联盟、战争胜利或通过其他城邦的承认而获得的。[①]例如，雅典和斯巴达在各自联盟中的领导地位就是霸权的体现。在古希腊，尤其是伯罗奔尼撒战争期间，“霸权”一词被广泛用来描述城邦间的权力斗争，以及用来描述如雅典和斯巴达这样的城邦在联盟中的领导地位。这种领导地位不仅仅基于军事实力，还包括政治影响力和经济力量。[②]因此，“霸权”这个词反映了古希腊政治生活中政治和军事力量的紧密结合。此外，“霸权”这一术

---

① Hornblower, S., *The Greek World 479–323 BC*, London: Routledge, 2002, p. 87.

② 参见 Cartledge, P., *The Spartans: An Epic History*, London: Macmillan, 2001。

语在古希腊的文化和哲学文献中也占有一席之地。在古希腊哲学中，“霸权”也与公正和伦理的概念相互交织。哲学家们探讨了“霸权”与道德权威之间的关系，以及如何通过公正和道德的方式实行领导。这反映了古希腊文化中对于权力与责任、领导与服从之间平衡的深入思考。哲学家们可能会用这个词来讨论某些观念或价值观在社会中的主导地位，反映出其在思想和文化层面上的应用。虽然这种用法不如政治或军事上的应用那样广泛，但它展示了古希腊人如何将“霸权”这一概念扩展到了社会生活的不同领域。[①]另外，“霸权”同样涉及文化和思想的领导。一个城邦或文明可能通过其艺术、文学、哲学或宗教观念对其他社会施加影响。这种文化霸权可能通过教育、宗教仪式或艺术作品的传播来实现，从而在更广泛的文化和思想领域内塑造价值观和信仰。例如，雅典作为古希腊文化和哲学的中心，在其“霸权”时期不仅在政治和军事上占据主导地位，也在艺术、哲学和科学上对其他城邦产生了深远的影响。这种文化霸权展示了一种软实力的早期形式，影响着其他城邦的价值观和生活方式。[②]

---

① 参见〔古希腊〕亚里士多德:《政治学》，吴寿彭译，商务印书馆1965年版。

② Kitto, H.D.F., *The Greeks*, London: Penguin Books, 1951, p. 78.

因此，在古希腊文化背景下，与政治和军事领导紧密相关的“霸权”概念，其原始含义涵盖了从个体领导力到城邦间政治和文化主导地位的广泛领域。它不仅是军事或政治力量的体现，也是文化和哲学影响力的表现。“霸权”的这种多维度特性显示了它作为一个复杂且多变的概念，在古代世界中的重要性和影响力。

“霸权”这个术语从一开始还与另一个表示更一般意义上的统治的词语——“起源”（arkhē）——共存，后者是权力关系中统治的组成部分“强制和说服”的同义词。霸权和起源的区别之一出现在19世纪英国史学家乔治·格罗特（George Grote）的《希腊史》（*A History of Greece*）中。在讨论雅典主导的提洛同盟性质的转变时，他指出，“霸权是基于‘支持或同意’的自由基础上的领导，而起源则相反，含有帝国‘占优势的权威或尊严’的含义，仅仅是接受默许。修昔底德也仔细区分了霸权和起源，并认为雅典的国际政策从前者转向后者是引发伯罗奔尼撒战争的主要原因之一”。①

然而，在希腊城邦体系不再存在的希腊化时代和

① Anderson, P., *The H-Word: The Peripeteia of Hegemony*, London and New York: Verso, 2017, pp. 395–397.

随后的罗马时代，“霸权”这个表达消失了。翻译修昔底德使用这对希腊词语的托马斯·霍布斯也将它们各自替换为“指挥”（command）或“权威”（authority）以及“统治”（dominion）。直到19世纪中叶，“霸权”这个词才作为政治术语重新出现，如在“普鲁士在德国联邦中的霸权”等德国统一运动的论述中被使用，但这种用法在统一后官方论述强调“德国民族的自然统一性”时，逐渐在学界消失了。即使是布鲁纳（Otto Brunner）、孔泽（Werner Conze）和科塞莱克（Reinhart Koselleck）在1975年出版的开创性著作《历史的基本概念》（*Geschichtliche Grundbegriffe*）的词条目录中，也没有霸权的位置。①

在全球化的背景下，霸权的形式和内涵不断在发生变化。传统的霸权更多基于军事和经济力量，而现代霸权则更多涉及软实力，如文化影响力、技术创新能力和国际形象。随着信息技术的发展和社会媒体的普及，公共舆论和国际形象对于国家的影响力也变得越来越重要。因此，未来的霸权竞争将不仅仅是硬实力的较量，更包括软实力的争夺。

---

① Anderson, P., *The H-Word: The Peripeteia of Hegemony*, London and New York: Verso, 2017, p.6, p.11.

综上所述，近现代霸权的演变是一个复杂而多面的过程，它不仅反映了国际关系的动态变化，也体现了国家之间力量与责任的平衡。随着全球政治经济格局的不断演变，我们将继续见证霸权概念的发展和变化，以及它如何影响着我们这个时代的国际关系和全球秩序。

第二节　文化霸权理论

霸权概念在其演变过程中最著名的理论，无疑出自葛兰西。他在继承马克思主义理论传统要素即经济基础和上层建筑概念的同时，对二者的关系进行了独创性的思考。同时，他对这种关系的新思考不仅补充了马克思主义对社会结构的理解，并引入了创新要素，由此形成他的文化霸权理论。

安东尼奥·葛兰西的文化霸权理论产生于20世纪初。葛兰西与博尔迪加（Amadeo Bordiga）、特拉奇尼（Umberto Terracini）等人一起，在1921年建立了意大利共产党，他在1926年被捕并判处20年徒刑，并从1927年开始被监禁，直到1937年因病获释后仅六天就去世了。1929年1月，葛兰西获准在狱中写作，2月开始作读书札记，即第一本《狱中札记》。至1935年，葛兰西共写了30多本笔记本，近3000页，涉及哲学、政治、历史、经济、文学等各领域。其中与西方马克思主义的发展最息息相关的，是他对经济决定论的批判，以及对市民社会、领导权（霸权）、有机知识分子等概念的拓展。在那样一个充满动荡和变革的时代，该时期的政治冲突、社会变革、个人经历，都对葛兰西思想的孕育产生了深刻的影响。

葛兰西不仅接受了马克思经济理论，深受马克思主义影响，更加重视文化和意识形态在社会结构中的作用，关注如何通过文化和意识形态手段实现和维持社会控制。于是，葛兰西的文化霸权理论应运而生，该理论反映着当时社会的深刻变革，尤其是对统治阶级通过非强制性手段实现社会控制的洞察。

葛西兰认为，统治阶级通过经济和政治手段，以及通过文化和意识形态的形式维持其统治，霸权是一种文化和思想上的领导权，通过塑造人们的观念和信仰来维持统治秩序。葛兰西强调，统治阶级与被统治阶级之间某种程度的共识对于霸权的维持至关重要。这种共识是通过教育系统、媒体、宗教组织等文化机构传播的，使得统治阶级的价值观和信仰被内化为社会的共同价值观和信仰。

葛兰西的文化霸权理论提供了对权力关系的深刻

洞察，特别是在文化和意识形态领域。葛兰西认为霸权远不止简单的政治或经济统治，还涵盖了更为广泛的文化、道德和哲学上的领导。[①]对葛兰西而言，霸权是统治阶级维持其统治地位的一种机制，这不仅通过强制手段实现，更多的是通过形塑社会成员的文化和意识形态。这种理解为我们提供了一种分析和解释现代社会结构与变革的新视角。

具体而言，葛兰西区分上层建筑为两个层面，一个是政治社会或国家，另一个是通常称为私人的组织体系，即市民社会。这两个层面分别对应着统治集团在社会各个角落行使的霸权功能，以及通过国家和法律形式，政府实施的直接统治或治理功能。市民社会介于资本主义的经济基础与政治社会之间，是一个中介的上层建筑领域。从政党和工会开始，到由市民自发、私下组织的所有社会、文化、政治团体，这些广泛的领域都属于市民社会。在今天，多种市民团体或非政府组织、电视和报纸等大众传播媒介，以及随着社会信息化而扩散的网络空间，都是葛兰西意义上的典型市民社会组织。在葛兰西的视角中，文化机构在

① 参见Crehan, K., *Gramsci, Culture and Anthropology*, Oakland: University of California Press, 2002。

霸权构建中扮演了关键角色。教育系统、媒体和宗教组织等，不仅仅是传播知识和信息的场所，更是文化和意识形态的传播者。通过这些机构，统治阶级的观念、信仰和价值观深植人心，强调了这种文化领导对于维护统治阶级的统治是至关重要的。[①]这些机构传播统治阶级的理念，使之成为社会的主流思想。这种霸权的维持，比直接的政治和经济压迫更为微妙和有效。[②]对葛兰西而言，市民社会是一个国家的强制力不发挥作用、市民之间可以自由沟通的自治和中立领域。在这样一个自治和中立的市民社会空间内，统治阶级和被统治阶级以及其他各个阶级之间进行意识形态的竞争。在这种意识形态竞争中，统治阶级通过行使知识道德领导权，从被统治阶级处获得同意。

总之，葛兰西的文化霸权理论为我们理解和分析现代社会提供了一个全新视角。他思想的独创性在于超越了传统的马克思主义理论框架，为发展马克思主义政治理论开辟了新视野。葛兰西探讨了现代资本主义社会中的政治统治方式，提出国家作为物理强制执

---

① Bates, T. R., "Gramsci and the Theory of Hegemony", *Journal of the History of Ideas*, Vol. 36, No. 2, 1975, pp. 351–366.

② Bates, T. R., "Gramsci and the Theory of Hegemony", *Journal of the History of Ideas*, Vol. 36, No. 2, 1975, pp. 351–366.

行机构和统治阶级作为知识道德领导的二重统治方式，他不仅揭示了统治和被统治之间复杂的关系，还提供了对这些关系进行改变的可能路径。葛兰西的思想对社会科学的多个领域产生了深远的影响，成为理解和分析现代社会的一个重要理论工具。

第二章
奥托·马杜罗的宗教霸权理论

葛兰西的文化霸权理论已经为理解社会结构中的权力动态提供了重要框架。然而，马杜罗才是第一个深入探讨宗教与霸权关系的学者。他的理论不仅在葛兰西的思想上进行了扩展，而且还在分析宗教在形成和维持社会结构中的角色时，提供了独特的视角，在后文的分析中我们将看到，马杜罗的观点不仅进一步发展了理解宗教作为维护社会现状的工具的思路，还强调了宗教在挑战现存社会秩序和推动社会变革中的关键作用。通过将这种理论框架应用于宗教的多面性分析，我们能够更深入地探讨宗教如何在全球范围内影响社会正义和权力结构、宗教在社会霸权构建中的复杂性和双重性，这对于我们理解宗教如何塑造社会结构和被社会结构塑造具有重要意义。

葛兰西的文化霸权理论本来就用于解读社会群体间的权力与领导关系，强调统治阶层通过文化和意识形态的领导，来维持其权力和社会控制。这一理论工具被广泛应用于各个社会科学领域，当然也可以被宗教学的研究所囊括。奥托·马杜罗的研究在葛兰西原有理论的基础上，进一步拓展了这个理论在宗教学研究中的理解与应用。对于马杜罗来说，宗教是社会交流和冲突的场所，充当中介者的角色。因此，宗教可以阻碍社会变革，也可以通过新的世界观推动社会的变革。

马杜罗的理论详细阐述了宗教阶层通过使用宗教语言和仪式，垄断宗教生产工具，将现有体制神圣化并合法化，同时对抵抗这一体制的群体进行去神圣化（desacralize）。他以拉美社会为例，分析了统治者如何利用宗教在社会和政治领域中建立和维持霸权，宗教团体及其信仰者如何通过宗教信仰和实践行为予以应对，以维持和扩展其社会和政治影响，指出宗教团体往往通过宗教教义和仪式，传递和强化特定的文化和价值观，从而影响社会的道德观和社会规范。

马杜罗认为，宗教在社会中不仅仅具有维护体制的保守功能，还可以成为社会变革的重要途径之一，甚至在某些社会中可以成为唯一的变革途径。那么被统治阶层夺取的宗教生产工具是否可以被寻求不同世界观的反抗群体获得呢？在这一点上，马杜罗强调了神职人员作为有机知识分子（organic intellectuals），在与统治集团的斗争中，承担着为受压迫者提供指导的角色。他不仅关注宗教如何作为一种可能的反抗和挑战现有霸权的社会力量推动社会的变革和正义，也关注个体信仰者如何在日常生活中，通过宗教信仰和实践来表达个体的霸权或反霸权主张。在这一层面，霸权战略不仅仅是社会层面的宏大叙事，也是个体层面的微观实践。这一视角为宗教学研究提供了丰富的理论资源和新颖的分析框架。

第一节　奥托·马杜罗其人

奥托·马杜罗于1945年4月14日出生在委内瑞拉首都加拉加斯的一个犹太人家庭，父母均是工人阶级出身的律师，他是五个兄弟姐妹中的老大。他经常描述自己在浓厚的学术氛围中长大。在早年的学术道路上，马杜罗展现出对社会学和宗教研究的浓厚兴趣。他曾短暂地在委内瑞拉的神学院接受神职基础教育，神学院的学习使他意识到保守的委内瑞拉天主教只是一个极其复杂的传统的一部分，这促使他产生研究宗教的兴趣，获得哲学学位后赴欧洲深造，进入比利时的鲁汶大学学习哲学和社会学。在那里，他获得了两个硕士学位和一个博士学位，宗教社会学硕士学位、宗教哲学硕士学位和博士学位，并发表了一篇关于深入理解马克思主义宗教观的论文《马克思主义与宗教》（*Marxismo y Religión*），该文曾获1977年至1978年委内瑞拉年度最佳论文奖，马杜罗从此崭露头角，这成为他的第一部重要著作。年轻时的他持续关注宗教与社会、文化的互动关系，特别是拉丁美洲社会的宗教现象和问题。由于研究深入，视角独特，他逐渐在学术界获得了声誉。

完成学业后，马杜罗回到拉丁美洲，同时也在全球多个国家和地区开展学术研究和教学活动。他的研究涵盖了宗教社会学、解放神学、宗教与社会变革等多个领域，发表了一系列有影响力的学术著作和论文，以其深刻的学术洞见产生了广泛的学术影响并受到高度评价和认可。马杜罗紧接着又出版了后来成为其代表作的《宗教与阶级斗争：分析拉丁美洲二者相互关系的理论框架》（*Religião e luta de classes: quadro teórico para análise de suas inter-relações na América Latina*）的西班牙语版本，随后该书更名为《宗教与社会冲突》，葡萄牙语版、德语版、英语版、韩语版也都先后问世。由于他对宗教在社会和经济发展中所发挥的积极和消极作用的分析，利用霸权理论对拉美天主教进行的政教关系的解读，使他在宗教研究学界受到广泛关注，尤其是拉美和欧洲地区，奥托·马杜罗的作品成为讨论宗教在帮助改善美国拉丁美洲穷人和移民社区生活方面可以发挥作用的重要声音。

20世纪80年代初，马杜罗受邀前往美国圣母大学和玛利诺神学院任教，参与名为“正义与和平研究”（Justice and Peace Studies）的项目，他在那里进行了解放神学的研究和实践，并与马克·埃利斯（Marc H. Ellis）合编出版了《解放神学的未来：古斯塔沃·古铁雷斯纪念文集》（*The Future of Liberation Theology: Essays in Honor of Gustavo Gutierrez*）一书。马杜罗在20世纪80年代多次返回拉丁美洲，在委内瑞拉、巴西和中美洲教学和工作，他在南加州大学宗教学院、协和神学院、匹兹堡大学、坎德勒神学院以及比利时的母校都曾短暂任教，并在整个职业生涯中持续旅行、演讲、教学和接受采访。1992年，他与同样是大学教授的妻子南希·诺格拉一同接受了德鲁大学德鲁神学院的全职职位邀请，成为世界基督教和拉丁美洲基督教课程的教授。奥托·马杜罗曾计划于2013年5月从德鲁大学退休，但他与癌症的斗争于2013年5月9日画上了终止符。

在马杜罗的整个职业生涯中，他除了致力于解放神学的研究，还致力于女权主义、拉丁美洲文化精神和五旬节派之间的兼容性研究，也关注弱势群体和边缘社群的权利和福祉，强调宗教在社会变革和正义推进中的积极作用，并支持妇女、有色人种和学院中的其他边缘学者的平权运动。

马杜罗的一生中，出版了五本著作，撰写了一百多篇文章，并以十几种语言在五大洲发表。除了上文中提到的著作外，其他著作分别名为《犹太教、基督教和解放》(*Judaism, Christianity, and Liberation: An Agenda for Dialogue*)、《扩展视野》(*Expanding the View: Gustavo Gutierrez and the Future of Liberation Theology Paperback*)和《狂欢节地图》(*Mapas Para La Fiesta*：*Reflexiones Latinoamericanas Sobre La Crisis y El Conocimiento*)，后者也是他的最后一本著作，曾以葡萄牙文出版过一次，并出版过五个西班牙文版本。除了学科理论的建树和学术专著的贡献外，马杜罗还是宗教社会学学科的领导者，在多个学科协会的理事会任职，他也是多个学术期刊编辑委员会成员以及期刊特刊的编辑。

第二节　奥托·马杜罗的“宗教霸权理论”

一、奥托·马杜罗的理论依据

奥托·马杜罗对宗教霸权的剖析首先从分析社会生产模式开始。他认为各种生产模式都可以归类为两类。第一类是共同体模式，其中社会的所有成员都享有平等的生产资料使用权，排除了对这些资料的私人占有。它们涉及劳动力的平等分配，社区的每个成员需要进行相当平等的生产工作——没有特权或其他例外，仅根据个人的体力、工作能力进行分工，分工相对简单和灵活。并且它们涉及劳动成果（只根据个体的年龄或健康状况而有所不同）的平等分配。

第二类是不对称的生产模式，在这种模式中，只有永久的少数人控制着主要的生产资料，即这些资料是其私人财产。人口的劳动力是以不平等的方式有系统地分配的，劳动的成品也被系统地不成比例地分配，将更大部分劳动成果分配给这种分配制度的控制者，即生产资料的私人所有者。由此，少数人将逐渐形成一个统治阶级群体，因为他们逐渐获得了对生产资料、劳动力和生产物品的分配权力，并能够增加他们对同伴的工作、休息、生活和健康的决策权威。这样一个社会的大多数成员将逐渐丧失对生产资料、对自己劳动力的分配的权力，从而形成一个被支配阶级群体。他们对自己的工作、休息、生活和健康的决策参与权逐渐减弱。

马杜罗认为，任何一个社会阶级或阶级集团，不管出于什么原因，只要它在社会中处于支配地位，不依赖于它的意识和意志，其就会立即处于一种扩大、深化和巩固它已经获得的权力的战略之中。这一战略是任何一个阶级在走向统治地位的过程中所固有的，不仅包括行使强制力，还包括说服被统治阶级同意自己被统治。当然，任何一个阶级在走向统治地位的道路上，都可以通过使用其已经具备的任何物质力量（经济、政治、军事等）来开始，从而迫使某些群体从社会角度出发构建自己的被统治角色，以满足统治阶级的利益。但是，这个强制阶级接下来会扩大、加深和巩固这种强制的物质力量。

当一个阶级或阶级集团正在走向统治地位时，它日益增长的权力往往会越来越多地在集体生活的各个方面发挥作用。只要一个阶级能够在一定的社会中控制主要生产资料的取得、大部分劳动力的分配和经济活动的基本产品的分配，它就已经在这个社会中建立了自己的物质权力，不管这种物质权力是否只是暂时的。

对于如何定义宗教，奥托·马杜罗给出了自己的答案，即："一种对社会群体共同的话语和实践结构，其涉及信徒认为存在着比自然和社会环境更早、更高的某些力量（无论是人格化还是非人格化、单一还是统一），在信徒看来，他们对这些力量表达出某种依赖感（通过创造、控制、保护、威胁等方式），并且在这些力量面前，他们认为自己有义务遵循特定的社会行为模式。”[①]马杜罗认为，共同信仰一种宗教（任何宗教）的人同时共享着多个其他维度的集体生活，包括经济、情感、家庭、语言、政治、军事、文化等等，而且这些维度之间紧密相连。它们相互重叠，相互关联。[②]因此，宗教并不是与其信徒的共同生活的其他维度隔绝开来的紧闭隔间，也并不与其社会生活的其他维度相隔绝。相反，具体的宗教是具体的人类共同体内确定的社会组织形式，与其社会生活的其他维度是密切相关和相互关联的。具体的宗教是处于特定社会背景中的。

在一个生产不对称的社会中，任何一群信徒的宗教活动都是一种客观上存在于社会支配结构中的活动。每种宗教的活动都受到其运作的社会背景的限制。也就是说，信徒在活动中的选择（思考、言说和实践其宗教信息的选择）受到该背景的限制，无论他们是否意识到这一点，或者是否有意识地进行这种选择。当马杜罗将每种宗教都描述为所处社会的现实时，他还

① Maduro, O., *Religion and Social Conflicts*, R. R. Barr (trans.), New York: Orbis Books, 1982, p.15.

② Maduro, O., *Religion and Social Conflicts*, R. R. Barr (trans.), New York: Orbis Books, 1982, p.41.

表示了另外一层含义，这一含义更为复杂且更为重要。马杜罗的意思是没有任何一个宗教使用的“社会材料”是无定型、可塑且可以任意修改的。每个宗教总是在一个已经以特定方式结构化的社会中运作的。

这个客观情境，即在一个阶级社会中的任何宗教的情境，与该宗教代表的意识或意愿无关，并将贯穿、限制与引导这个社会中宗教机构以及组成这些机构的信徒们的活动。[①]因此，这种作为客观情境的社会阶级结构将制约宗教的运作空间、地位、意义、思维模式、实践、组织、发展、传播，以及任何宗教在这样一个社会中的可能的转变。马杜罗认为，这些限制和引导促进的不仅仅是统治地位，而且是深层的霸权。[②]

在这种情况下，马杜罗强调，对任何宗教基本宣言的解释，以及由此产生的伦理、礼仪、教义和组织定义，始终是在特定社会和组成社会的群体之间的特定权力关系结构的框架内采取、制定和传播的。当社会是一个阶级社会时，统治的动力甚至会将其限制和导向强加于对该宗教基本宣言的解读、阐释和官方定

---

① Maduro, O., *Religion and Social Conflicts*, R. R. Barr (trans.), New York: Orbis Books, 1982, p.50.

② Maduro, O., *Religion and Social Conflicts*, R. R. Barr (trans.), New York: Orbis Books, 1982, p.73.

义。[1]这个过程通常转化为宗教的普遍化和神圣化的心智结构，严格地说，这些结构既不在基本宣言中，也不在负责此类解释的宗教职能人员对该信息的解释中，甚至也不在解释的受众中。相反，这些心智结构主要起源于发生这一过程的社会中的统治阶级。

这个过程，即宗教服从于阶级统治动态的过程，在马杜罗看来是统治阶级在巩固其统治和建立其霸权方面的利益的客观结果。这个过程并不依赖于统治阶级的社会代理人的意识、愿望或意图。同样，宗教领域对这些统治动态的服从也不依赖于其倡导者的任何意识。如果没有明确意识到这一过程的作用，那么将宗教置于阶级统治动态之下的努力就会更加有效，而这正是通常所发生的情况。[2]就此，我们可以说，宗教作为一种高度结构化的组织模式为权力演变为霸权主义提供了温床。

马杜罗从他那个时代的现实来看，资本主义业已成为世界范围内的主导体系，迫使欧洲生活进行彻底的重组。整个欧洲社会都受到了经济资本主义重组的

---

① Maduro, O., *Religion and Social Conflicts*, R. R. Barr (trans.), New York: Orbis Books, 1982, p.73.

② Maduro, O., *Religion and Social Conflicts*, R. R. Barr (trans.), New York: Orbis Books, 1982, p.75.

影响，直至生活的最小细节。随着经济活动成为一种差异化的活动和资本主义社会的中心活动，它在每个欧洲社会中创造了不同的阶级。特别是，它创造了资本主义生产方式的基本阶级——资产阶级和无产阶级。

在从封建主义向资本主义过渡的过程中，天主教会不再行使宗教垄断权。天主教不得不成为一个分裂的宗教领域的一部分，且在各种宗教体系之间存在竞争关系（在某些情况下，还有支配关系）。这种分裂的宗教领域往往会失去其在社会关系固化中的核心作用，将这一地位拱手让给与经济活动更直接相关的一系列制度。因此，在资本主义中，宗教往往在社会关系的再生产中发挥辅助作用。

与这两个过程相结合，日益加剧的社会分工必然导致宗教机构的社会分化。也就是说，劳动分工涉及对宗教活动的明确划分，并且有一种明显的趋势，即在制度上将宗教活动与其他诸如经济、政治、司法、军事、科学等人类活动区分开来。与此同时，在资本主义框架内存在的各种宗教机构也经历了一个分工和细分的过程，这导致宗教组织更加明显地官僚化，因为它们逐渐失去了封建制度下的君主色彩，代之以自由资产阶级议会民主制的某些更典型的特征，如协商、选举、合议决策、冲突的制度化。这促使宗教的自我表达在其自身结构上表现出重大转变，在资本主义中产生极端的多样化、复杂化和系统化的发展趋势，甚至吸收了各种自我矛盾的表现，这当然进一步增加了宗教领域话语生产的复杂性。社会等级的割裂对立、逐渐复杂细化的社会分工，导致宗教亦需服从社会生产关系的分工与框架，并通过更加现代化的方式施加影响。

然而，宗教也能够对社会关系的生产、再生产和变革产生影响。也就是说，它将能够履行一定的社会功能。在宗教社会学的历史上，宗教的社会功能研究受到功能主义学派的显著影响。根据这一社会人类学思想流派的观点，宗教总是履行同样的社会功能：心理安抚，增强社会凝聚力，促进社会结构的神圣化，等等。并且，宗教的社会功能可以根据宗教的历史、结构和时势变化而变化，也可以在不同的时间、不同的地点、不同的社会群体、不同的宗教以及不同的神职人员类别之间发生变化。这导致宗教对社会的作用的重要性、影响程度和制约程度也成为可变的关系。

在一个宗教专门化的阶级社会中，同一宗教体系对于不同的社会阶级，可以发挥互补或矛盾的多种功能。就同一阶级而言，同一宗教体系的社会功能在该阶级或宗教体系发展的不同阶段会有所不同。马杜罗观察到，在某些情况下，天主教会发表的某个声明就可能引发内战或政变。但是相同的言论在其他情况下，在同一个国家和同一个教会中，可能只占据两三家报纸的微小篇幅，并且不会产生进一步的后果。又或者说，主教们发出的“停止罢工”的呼吁可能会导致大批工人返回工厂，这些工人就会暂时放弃罢工。而在其他情况下，类似的呼吁就可能会被忽视，甚至引发工会抗议教会干涉非宗教事务的反应。[1]

二、宗教在霸权结构中的作用

奥托·马杜罗从“统治阶层的霸权战略”这一维度探讨了宗教、政治和国家之间的关系。根据他的观点，统治的动力学旨在实现统治阶层（统治阶级或统治集团）的霸权，即“该社会所有个人和团体对统治的普遍接受”。统治阶层的霸权战略一方面寻求与具有较大社会影响力的部门建立“联盟”，另一方面要求与威胁现有统治秩序的个人、团体和运动进行“斗争”。

根据马杜罗的观点，当宗教部门对社会中的大型团体行为产生重大影响时，统治阶层为实现霸权的努

① Maduro, O., *Religion and Social Conflicts*, R. R. Barr (trans.), New York: Orbis Books, 1982, p.82.

力将针对宗教部门。首先，统治阶层的努力旨在从宗教部门获得能够合法化和神圣化其统治的实践和话语，这表明统治阶层寻求超自然和超社会力量的意愿。其次，统治阶层的目标是剥夺宗教领域内部所有直接威胁其统治地位的个人、团体和运动的合法性和正当性的实践和话语，使这些因素丧失神圣性，并明确表示这些因素并非来自超自然或超社会力量的意愿。最后，（如果第二个尝试不成功的话），统治阶层至少要努力确保宗教部门不会产生支持附属阶层反抗统治阶层霸权斗争的实践或话语。

总之，统治阶层针对宗教部门的霸权战略旨在从宗教那里获得“统治的神圣化”和“反抗的非神圣化”的认定。为实现这一目标，统治阶层的努力将在多个层面展开，马杜罗将其划分为五个方面：（一）经济战略；（二）家庭战略；（三）法律和政治战略；（四）教育和文化战略；（五）压迫战略。如果这些战略取得成功，神职阶层与统治阶层之间就将发展出相互渗透、认同、互惠的责任感和尊重，从而使宗教实践和话语的产生在结构上更加倾向于支持统治阶层的霸权，反对反抗统治的斗争。马杜罗对每个战略进行了如下补充说明。

（一）经济战略

统治阶层努力通过提供特权和财富来建立与高层

神职阶层的联系。这旨在将高层神职阶层纳入现有的经济体系，并在这些神职阶层中产生一种对统治阶层和现有体制的感激之情（这种感情往往是隐含的而非明确的）。

（二）家庭战略

统治阶层努力通过教堂婚礼、洗礼时的代父关系，以及家族中的宗教职业等方式，与高层神职阶层建立类似亲属的关系。这些措施旨在将神职阶层的生活方式纳入统治阶层，并在神职人员中产生对统治阶层的感激之情，以及与统治阶层的同质化身份认同。

（三）法律和政治战略

统治阶层努力创造有利于支持霸权战略的宗教趋势的法律机制，给予与他们利益最为接近的神职阶层特权，建立与他们的联系，并阻止反对统治的宗教运动的发展。例如，教政公约、赞助协议和其他教会与国家之间的互相认可形式，可以被解释为对抗霸权的宗教活动的交换条件，为宗教提供法律特权。

（四）教育和文化战略

统治阶层努力创造或加强有利于传播与他们利益最为相符的观点和看法的文化过程和教育制度。他们试图将神职阶层纳入这些文化过程和教育制度的管理职务，以使神职阶层本身在统治阶层的思维框架内塑造自己的思想。因此，这些文化过程和教育制度将作为传递神圣化思维框架的渠道。

（五）压迫战略

统治阶层有时会施加外部强制力量，以使对现有秩序保持友好态度的宗教团体予以接纳。此外，他们还试图通过罚款、监禁、流放等手段惩罚所有直接反对现有秩序的宗教或反宗教活动。

在一个阶级社会中，专门稳定地负责宗教生产任务的特定神职人员职能机构，如何能够在其不自知的情况下为社会中某一阶级或阶级集团的统治地位的巩固做出贡献？马杜罗认为：

> 首先，在那些作为宗教利益的承担者和主体的社区和社群中，群体对其社会自然环境的感知，以及由此产生的个人和集体在这些环境中的行为，都受到其宗教世界观的限制和导向。也就是说，他们对周围环境的认识和行为是由其宗教体系所决定的。如果这种宗教体系的生产被一个神职人员垄断，如果这个神职人员已被纳入统治阶级的霸权战略，那么宗教生产就会倾向于以这样一种方式进行：（1）重新构建信徒的经历，因而使其感知其社会自然环境时更符合统治阶级的利益；

> 因此，这神职人员的信徒（2）会以有利于这些统治阶级霸权战略的方式行事。[①]

这些霸权战略主要通过神职人员进行传递。换句话说，一个神职人员如果成功地接受了统治阶级的自我延续战略，就会自发地、无意识地倾向于生产、保存、复制、传播和灌输符合这些统治阶级利益的宗教教义和实践。同样，一个与统治阶级相互渗透、相互认同并“受其恩惠”的神职人员，也会倾向于排斥、取消和摒弃任何似乎与统治阶级利益相悖的教义和实践，无论其是否具有宗教性质。

在这种情况下，有关神职人员即使不自知，也会对其手中的宗教体系进行重构。这种重构将倾向于创造对既有统治地位的认同，并同时排斥对这种统治地位的不顺从。而这种认同和排斥，与超自然和超社会力量联系在一起，并在作为精致宗教利益的承载者和主体的信徒中激起一种趋势，使相关信众与统治阶级之间形成强大的凝聚力。

神职人员是通过哪些具体的途径来实现对统治阶级

---

① Maduro, O., *Religion and Social Conflicts*, R. R. Barr (trans.), New York: Orbis Books, 1982, p.126.

地位的宗教结构性认同的呢？马杜罗认为，要完整地列出这些认同途径的清单将是无穷无尽的。此外，这些途径也将因具体情境而异。①

不过，马杜罗还是试图勾勒出这种结构化的途径，因为这可能有助于突出我们一般理论命题的重点。他以天主教作为特定讨论背景，认为这些路径正在配合当时情境下资产阶级实现宗教霸权：

> —宗教话语的生产在数量和质量上，都以与阶级社会的基本冲突无关、无害且陌生的方式表达。
>
> —生产一种宗教话语，将重点放在与社会的根本冲突不同的斗争和冲突上，以分散对社会根本冲突的关注。
>
> —生产一种宗教话语，明确否认统治者和被统治者之间的社会分工的存在或重要性的差异。
>
> —生产一种宗教话语，尽管承认统治与被统治阶级的存在，有时甚至承认这种分裂的重要性，但明确否认反对这种社会分裂斗争的合法性。
>
> —生产一种宗教话语，承认针对统治和被统

① Maduro, O., *Religion and Social Conflicts*, R. R. Barr (trans.), New York: Orbis Books, 1982, p.126.

治阶级之间在贫困、文盲等问题上斗争的合法性，但明确打击反对统治阶级存在的斗争。

—生产一种宗教话语，虽然批评统治阶级的某些“弊端”，但却认为只有统治阶级才有能力和权力纠正其统治的“消极方面”。

—生产一种宗教话语，将现行的社会、经济、政治、司法和文化秩序视为不容置疑的存在。

—生产一种宗教话语，明确要求接受和维护现行的社会、经济、政治、司法和文化秩序。

—生产一种宗教话语，将既定秩序描绘成神罚或神意运作的结果。

—生产一种宗教话语，将掌权者描绘为神圣和永恒权威的托付者，这种权威应该保持不变，因此必须服从，否则将受到神罚。

—生产一种宗教话语，把被统治者描绘成通过惩罚或天意，应该顺从地接受其从属地位的人。

—生产一种宗教话语，明确谴责被统治者与统治者的斗争。

—不生产明确谴责统治者及其给被统治者带来的后果的宗教话语。

—不生产明确鼓励反对既定秩序的宗教言论。

—神职人员的官方代表以默许或明示的方式参与旨在扩大或赞扬既定秩序的活动、进程和机构中，如私营企业和政府项目的建立、权力集团的社会的或政治的庆祝活动、军中神职，等等。

—对于旨在扩大或赞扬反对既定秩序的斗争（如：工会、罢工、劳工示威、反对阶级统治的政党、庆祝人民胜利等）的活动、进程和机构中，没有神职人员的官方代表。

—进行宗教演讲或活动，明确谴责神职人员的非官方代表参与旨在扩大或赞扬反对既定秩序的斗争的活动、进程和机构。①

当然，在马杜罗看来还可以列出更长的清单，按类别进行分类，并列举具体的实例。但他只是想指出几种模式，通过这些模式，宗教实践和话语可以支持和巩固任何统治集团和任何阶级社会固有的霸权战略。马杜罗的目的只是通过几个例子来说明，宗教实践和话语是有可能产生的，这种实践和话语将有利于在联想、区分和对立中对世界进行精神重构，从而使

① Maduro, O., *Religion and Social Conflicts*, R. R. Barr (trans.), New York: Orbis Books, 1982, p.126.

超自然力量看起来站在统治者一边，即支持他们的统治，反对那些反抗这种统治的人。如果这种宗教对世界的呈现成功地灌输到相关宗教体系的信徒心智中，就会转化为统治者所需要的巩固统治的基础，巩固他们的统治方式以及社会生活的结构和导向，这就是他们的权力。

马杜罗指出，宗教的保守功能之一就是象征性地掩盖、取代和超越每个阶级社会固有的社会冲突。为此，任何教会都会倾向于产生一种统一而模糊的宗教话语。在社会稳定和社会统治结构巩固的条件下，一个教会不可能系统地、专门地发表社会政治方面的、单一意义的宗教言论。因为这种话语所针对的社会阶层可能会挑起宗教冲突，从而从物质上和象征意义上削弱教会。但是，在制造一种社会政治上统一的、模棱两可的宗教话语时，教会促进了既有统治关系的再生产，因此有利于在社会政治上占统治地位的阶级的利益。此外，任何宗教体系中的社会合法性的力量和能力，恰恰存在于其公众之中，任何教会都致力于保护公众，并更新其与公众的宗教纽带。然而，由于这个公众庞大且层次分明，且在不同程度上存在潜在冲突，因此保持公众的教会利益倾向于产生一种含糊其辞的宗教话语，以满足所有社会阶层的要求并防止任何社会阶级（无论是统治阶级还是从属阶级）的大规模反抗。[①]

教会维护其公众的利益与统治阶级维护社会秩序的利益之间的这种隐性联系，如果不被宗教人员及其公众特别是公众中的从属阶级注意，就会更加密切和有效。因此，在统治阶级的霸权得到巩固的时期，教会的这种关联及保守功能往往会被掩盖起来。但在霸权面临危机的时刻，即当统治阶级失去了社会对其统治的集体认同，自主的社会运动发展起来反对他们之时，教会的保守功能可能突然显现出来，因为它可能倾向于表明一种反对社会运动的立场和明确的话语。

如果一个多系统的宗教领域处在阶级社会中，在这种情况下，统治阶级的霸权战略就必须专门针对具有潜在革命性的从属阶级中拥护者最多的宗教体系的神职人员，对他们进行改造或中立化，甚至对他们进行消灭和取代。这通常会是这个社会的宗教领域中主导的宗教制度。

马杜罗认为，一般来说，在多系统宗教领域的阶级社会中，新的统治阶级与传统上占统治地位的宗教体系之间会建立一种交易关系。这种交易关系以相互强化的承诺为出发点，最终使占统治地位的宗教成为

① Maduro, O., *Religion and Social Conflicts*, R. R. Barr (trans.), New York: Orbis Books, 1982, p.132.

统治阶级的宗教。[1]

然而，当这种交易因政治、宗教或其他原因而失败时，统治阶级的战略就会倾向于加强拥有最大潜力的从属宗教运动，这些运动具有以下潜力：（1）削弱统治宗教体系的力量；（2）吸引从属阶级中以前信奉传统上占统治地位的宗教的大批人员；（3）促使从属阶级认同统治者的统治。无论在哪种情况下，不管占统治地位的集团是否成功地与占统治地位的宗教体系建立了交易关系，统治阶级的战略都是要消灭那些有可能动员从属阶级反对其统治的从属宗教教派。在任何具有多系统宗教领域的阶级社会中，统治阶级和统治宗教体系的倾向都会在此趋于融合。在这三种情况中，一个阶级集团在成为统治者的过程中强加了一种新的社会发展模式，这就要求生产某种宗教内容，以助力和证明新型社会组织的合理性。[2]

在灌输等级逻辑的层面上，马杜罗认为，由于每个教会都有一个等级分明的中央集权组织，并有维护这一结构的利益所在，因此教会可能会长期在公众之

---

① Maduro, O., *Religion and Social Conflicts*, R. R. Barr (trans.), New York: Orbis Books, 1982, p.130.

② Maduro, O., *Religion and Social Conflicts*, R. R. Barr (trans.), New York: Orbis Books, 1982, p.130.

中对他们进行无意识的内化，使之不自觉地对教会的等级制度、权威和中央集权持尊重态度。因此，教会有助于增强信徒对其他社会等级制度的服从，如经济、政治、军事等。总体而言，教会促进了对既有统治阶级的社会结构的服从。①

三、宗教的反霸权动力

马杜罗认为就统治阶级而言，即使在其霸权看起来最稳定的阶段，他们也永远无法对集体生活实现绝对控制。被统治者总是存在一定的抵抗——即使只是以沉默、混乱、不合作、歇斯底里或纯粹的破坏性恐怖的形式存在。在冲突性的社会统治关系中，宗教并不总是发挥纯粹的保守功能。宗教并不一定会阻碍从属阶级的自治，也不一定会阻碍他们联合起来反抗统治。在大量有历史记录的案例中，许多宗教似乎在被统治阶级反抗内部或外部统治的斗争中发挥了重要作用。②

在确定的社会条件下，某些宗教实践、教义和制度在阶级社会中发挥着有利于某些从属阶级自主发展

---

① Maduro, O., *Religion and Social Conflicts*, R. R. Barr (trans.), New York: Orbis Books, 1982, p.132.

② Maduro, O., *Religion and Social Conflicts*, R. R. Barr (trans.), New York: Orbis Books, 1982, p.136.

和加强其联合反对统治的作用。一种宗教是否真正发挥了这种作用，与其说取决于宗教行为者的意识和意图，不如说取决于这些行为者客观所处的微观和宏观的社会条件。

对于宗教世界观占主导地位的从属阶级来说，能否改变其从属的社会地位，马杜罗认为这取决于他们是否有能力构建一种独立的、不同的，并且反对社会主流世界观的宗教世界观。如果在一个特定的社会中，从属阶级的宗教工作产生了一种可传播和可共享的宗教世界观，能够使这些从属阶级在其社会自然环境中自主地以一种不同于且对抗于统治阶级的方式进行定位和导向，那么宗教生产就会趋于发挥反霸权的作用。①

宗教对从属阶级的自治战略产生有利影响的可能性并不能简化为世界观的层面，它也会对其阶级组织程度、阶级动员程度产生潜在的影响。在一定条件下，宗教可以充当从属阶级从一定程度的阶级意识向更高程度的阶级意识过渡的积极媒介，从而成为从属阶级发展自主意识的渠道。尤其是当从属阶级的宗教体系明确地呈现出他们的统治关系，将统治阶级去神圣化，并将反对统治的斗争视为由超自然和超社会力量激发

---

① Maduro, O., *Religion and Social Conflicts*, R. R. Barr (trans.), New York: Orbis Books, 1982, p.137.

的斗争时，这种可能性就更大了。

在马杜罗看来，在从属阶级中，阶级组织最低程度表现为被统治群体在与统治阶级不同的空间和时间内定期聚会，例如在民间庆祝活动中；阶级组织最高程度的表现形式为集体联合，明确以反抗统治为目标。在某些情况下，宗教可能成为从属阶级自主组织的渠道。如果从属阶级有一个共同的宗教体系，与统治阶级的一个或多个宗教体系截然不同并相互对立，这种情况就更有可能发生。[①]

在某些条件下，宗教还可以作为从属阶级动员反对统治的渠道。当阶级动员发生时，宗教在某种程度上充当阶级动员的表现形式。阶级动员的最低程度是自发的、不连续的抗议行动，仅仅是表达孤立群体诉求的局部行动；最高程度的动员则是系统的、持续的、逐渐加速的反统治攻势。这些行动具有政治影响力，倾向于扩大和深化从属阶级的变革能力，即他们的权力。如果从属阶级共同拥有的一个宗教体系与另一个仅由统治阶级拥有的宗教体系之间存在明确的、公开的冲突，这种情况就更有可能发生。[②]

---

① Maduro, O., *Religion and Social Conflicts*, R. R. Barr (trans.), New York: Orbis Books, 1982, p.138.

② Maduro, O., *Religion and Social Conflicts*, R. R. Barr (trans.), New York: Orbis Books, 1982, p.138.

在统治者和被统治者拥有共同的单一宗教体系的社会中，从属阶级的宗教自治可以在现有宗教体系中形成强烈的反霸权倾向，也可以在分裂中发展起来，从而将统治者和被统治者分隔在两个不同的、对立的宗教体系中。在宗教体系专属于从属阶级而有别于统治阶级的社会中，从属阶级的宗教自治可以通过发展反霸权倾向而得到巩固，这种反霸权倾向已经隐含在从属阶级特有的宗教体系中，这些宗教体系是这些阶级共有的，而不是统治阶级独有的。

当一个社会被宗教信仰不同于自身的外来群体入侵时，教会就有可能发挥有利于从属阶级自治的作用，从而与某些形式的社会统治背道而驰。在这种情况下，如果大多数被入侵者属于同一个教会，那么这个教会对外来文化的反应将有助于加强被入侵者的民族解放运动。在反对统治阶级的社会运动中，以及在一个社会的内部，教会（被统治者和统治者都属于这个教会）内部也会发展出有利于从属阶级自治的进程。当其他所有社会可能的反抗形式，无论是对经济、政治、文化还是其他形式的统治，都被中央权力封锁，就像马杜罗所处时代的萨尔瓦多、危地马拉、智利、阿根廷等国一样，从属阶级的不满情绪就更有可能侵入教会，并在这个教会中找到宗教表达的方式。①

在教会与中央权力松绑的情况下，这种可能性就更大。②在这种情况下，如果民众的不满情绪能在教会中得到呼应，那么抗议活动就很有可能通过教会成功地组织和发展起来，形成一场集体的、持久的反统治斗争运动。马杜罗提醒研究者们要注意的是，神学的变革主要通过礼拜仪式和传道来对从属阶级的世界观产生影响。换句话说，这种神学的影响是通过将宗教知识生产传达给受到支配的非专业公众的渠道来实现的。③

我们可以看出，宗教的社会功能，特别是马杜罗解析的天主教会的社会功能并不是在任何情况下都是一样的。恰恰相反，这种功能是由多种多样、相互冲突的功能所组成的，这是一个异质的和可变的集合，其未来的发展难以预测。宗教作为社会冲突的产物、领域和积极因素，在我们的研究领域里构成了一个独特的维度。

---

① Maduro, O., *Religion and Social Conflicts*, R. R. Barr (trans.), New York: Orbis Books, 1982, p.143.

② Maduro, O., *Religion and Social Conflicts*, R. R. Barr (trans.), New York: Orbis Books, 1982, p.143.

③ Maduro, O., *Religion and Social Conflicts*, R. R. Barr (trans.), New York: Orbis Books, 1982, p.143.

第三章　宗教与霸权

葛兰西的文化霸权理论提供了一个框架，可以用以理解宗教如何在不依赖强制力的情况下，通过文化和意识形态的途径维持和巩固社会秩序。葛兰西认为，统治阶级不仅仅通过政治和经济手段维持其统治，还通过在文化领域的主导地位来形成一种社会共识或认同感。这种统治是通过社会机构（如宗教组织、教育系统、媒体等）来实现的，它们塑造公众的价值观、信仰和行为规范。这种方式的统治被认为更为稳固，因为它不是建立在强迫基础上，而是建立在被广泛接受的社会规范上。

宗教作为一种深刻影响人类历史和社会结构的文化力量，扮演着关键角色。它通过塑造信徒的世界观、道德观念和行为规范，间接影响社会结构和权力关系。例如，某些宗教教义可能强调服从与秩序，这可以被解读为支持现有的社会和政治秩序。历史上，许多宗教都与统治阶级结成了联盟，通过宗教仪式、教育和道德教义支持并巩固了统治者的权威。例如，中世纪欧洲的基督教会与君主制度的联盟，教会通过宣扬君权神授来维护君主统治的合法性。此外，许多宗教组织在殖民时期支持了殖民势力的统治，通过传教和教育帮助形成了殖民地对殖民统治的接受。

通过葛兰西的文化霸权理论，我们可以看到宗教如何在形成和维持社会共识、规范和价值观方面发挥作用，从而在不显露的情况下支持和巩固特定的社会和政治秩序。

在葛兰西的基础上，奥托·马杜罗对宗教与霸权的关系进行了深入探讨。马杜罗理解霸权不仅作为一种统治形式，而且作为一种可以被战略性地应用和维持的力量。在这个框架下，宗教可以被视为一种具有战略性的霸权工具，它在塑造和维护社会结构中扮演着关键角色。

首先，霸权在马杜罗的理论中不仅仅是一种权力的表现，还是一种通过社会和文化机制来实现和维持的战略。这种战略依赖于社会的共识和接受，而不仅仅是简单的强制或权威。在这个意义上，霸权是一种更微妙、更隐蔽的统治形式，它通过文化和意识形态的渠道影响人们的认知和行为。

其次，在马杜罗的观点中，宗教是一种强有力的社会和文化力量，能够塑造人们的价值观、信仰和行为。通过教义、仪式和社区活动，宗教有能力影响其信徒的思想和行为，从而在社会中形成一种共识。这种共识是霸权战略的核心，因为它让统治者能够以更小的阻力和更高的效率来维持其权力。

最后，宗教在维护和挑战霸权中具有双重作用。马杜罗还强调了宗教在维护现存社会秩序和挑战不公正结构中的双重作用。一方面，宗教可以通过强化特定的社会规范和价值观来支持现存的霸权结构。另一方面，宗教也可以作为一种解放的工具，挑战不公正和压迫，促进社会变革。

由此，马杜罗的理论提供了一个复杂而深刻的视角来分析宗教和霸权的关系。在这个视角中，霸权不仅是一种统治形式，更是一种可以通过宗教等社会和文化机制来实现和维持的战略。这种理解不仅有助于我们认识到宗教在社会结构中的重要作用，也揭示了宗教作为一种社会力量在维护或挑战霸权中的复杂性和多样性。

第一节　宗教与霸权的关系

关于宗教作为一种强大的文化和社会力量如何

与霸权相联系，从而为霸权所用和所控；宗教成就霸权，霸权来实现宗教的维护和壮大；宗教本身成为霸权等宗教与霸权的关系问题，笔者认为可以从以下四个方面来分析。

一、社会控制与规范

在某些社会中，宗教机构或领袖可能与政治权力紧密结合，利用宗教信仰来推动或支持特定的政治或社会议程。在不同的文化和历史背景下，宗教经常被用来制定和维护社会规范和价值观，有时还与政治权力结合，从而形成一种特定的霸权结构。

宗教往往会提供一套行为规范和道德准则，这些准则被视为神圣不可违反的。这些规范包括对个人行为、社会交往和家庭结构的指导。例如，在许多文化中，婚姻和性行为的规范很大程度上是由宗教教义决定的。1979年的伊朗伊斯兰革命导致了什叶派伊斯兰教法（Sharia）学者的政治掌控。伊斯兰教法成为国家法律的基础，强化了宗教对社会生活各方面的控制。在伊斯兰教法下，婚姻被视为一种合同，男女双方都有特定的权利和义务。传统上，男性可与多位妻子结婚（尽管在实践中这种情况越来越少见），而女性只能与一名男性结婚。此外，与非穆斯林的婚姻受到限制，特别是穆斯林女性与非穆斯林男性的婚姻通常被禁止。伊斯兰教法严格规定了性行为的边界，只有在婚姻内的性行为才是被允许的。婚外性行为、同性恋行为等被严厉禁止，甚至可能受到法律的惩罚。这些规范在伊朗被严格执行，违反者可能面临极其严厉的处罚。

即便是在美国，宗教也曾显示了其强有力的社会规范力量，比如，19世纪和20世纪初，美国的纯洁运动就是由基督教信仰驱动的社会改革运动。该运动推动了一系列旨在提升道德标准的措施，如禁酒令等，就展示了宗教如何影响社会规范和政策制定。这些例子都在表明，宗教不仅在历史上而且在当代社会中仍然是一种强大的社会和政治力量。它能够形塑社会规范，影响政治决策，并在许多情况下与政治权力结合，形成一种文化和政治霸权。

在很多历史时期，宗教领袖和机构常常与政治权力紧密结合。例如，中世纪欧洲的教会不仅是宗教机构，也是强大的政治力量。在中世纪欧洲的政治领域，教会与世俗权力相互作用，定义了权力结构和治理方式。基督教对中世纪欧洲政治结构的主要影响是通过教会与世俗权力之间的关系体现出来的。其时，神圣罗马帝国得以形成，基督教在其中扮演着核心角色。教皇与国王（如查理曼大帝）之间的联盟，是政治权力和宗教权威结合的典范，这种结合在后来的欧洲政治结构中发挥了持续性影响。教会领袖，特别是教皇，与国王和贵族之间的互动，形成了一种复杂的权力平衡。这不仅包括直接的政治干预，还包括通过宗教影响被统治者的道德观念和进行精神指导。[①]

宗教领袖和机构有时还会利用其影响力推动特定的政治或社会议程，这可能包括支持或反对某些法律政策，或者在社会问题上表明立场。例如，宗教团体在美国民权运动和印度独立运动中都扮演了重要角色。在20世纪50年代至60年代的美国，民权运动部分源于黑人教会的活动和领导。这些教会不仅为非裔美国人提供了精神上的慰藉，而且成为社区组织和政治动员的中心。著名的领袖如马丁·路德·金博士，作为一名牧师和非裔美国人民权领袖，他在整个运动中扮演了至关重要的角色。他的宗教信仰深深影响了他的非暴力哲学和为平等而斗争的决心。在印度，宗教同样在独立运动中扮演了关键角色，尽管这一角色与美国民权运动中的情况有所不同。印度独立运动的主要领袖之一，圣雄甘地的思想和行动深受印度教和其他

① 参见Tierney, B., *The Crisis of Church and State 1050–1300*, Toronto: University of Toronto Press, 1988。

宗教传统的影响，强调宗教的精神和道德教义，尤其是非暴力和真理的原则。他利用宗教信仰来动员支持者，提高公众对不公正现象的认识，并塑造了整个社会运动的道德框架。

当宗教与政治权力结合，形成支配特定人群的意识形态时，就形成了一种霸权。这种霸权通过宗教和政治的共同作用，影响并控制人们的信仰、价值观和行为，有时甚至限制异议和反对声音。在现代世界，宗教仍然在许多社会中发挥重要作用，其与政治权力的关系也变得更加复杂。世俗化趋势和宗教多元化对宗教在社会控制和规范方面的作用提出了挑战。同时，新兴的宗教运动和信仰体系也在不断地重塑传统的社会规范和价值观。

以韩国的新兴宗教为例，韩国的宗教景观在20世纪经历了显著变化。随着国家的快速现代化和经济增长，一些新兴宗教运动开始在韩国社会中扮演重要角色。这些新兴宗教包括基督教的不同派别（尤其是福音派和五旬节派），以及一些独特的本土教派，如统一教、全能神教等。这些新兴宗教运动通过各种方式对韩国社会产生了不小的影响，许多新兴宗教通过融合传统的韩国文化元素和现代宗教实践，创造了自身的信仰体系。例如，一些宗教结合韩国的家族和社会结构，以此来吸引信徒。比如檀君信仰的天道教，作为新兴宗教组织，其在社会服务和慈善事业方面发挥了作用，如建立医院、学校和社会福利机构等。另外，也有一些宗教团体参与政治活动，支持特定的政治议程或候选人，这在某种程度上也影响了韩国的政治格局。比如统一教在多届政府的大选中都发挥了举足轻重的作用。

这些新兴宗教通过建立紧密的社区网络，为成员提供精神上的归属感和物质上的支持，从而吸引并保持大量信徒。他们也利用媒体和现代传播手段传播教义和价值观，扩大影响力。而且值得注意的是，相较于传统宗教，新兴宗教往往还展现出较强的适应性，能够根据社会变化迅速调整其教义和实践，以吸引更广泛的追随者，比如最近两年异常活跃的新天地帐幕教会等。通过这些方式，韩国的新兴宗教在社会、文化和政治层面形成了一定程度的霸权。它们不仅改变了宗教景观，还影响了韩国的社会规范和价值观的发展。比如新型冠状病毒疫情初期，首尔爱第一教会牧师就曾因号召信徒坚持不戴口罩聚集的行为而臭名昭著。因此，这种霸权并非没有争议，它同时引发了关于宗教多元性、宗教自由和社会和谐的讨论。

二、身份与排他性

宗教可以强化社区成员的认同感，通过共享的信仰、仪式和传统来定义一个群体的身份。这种宗教身份认同有助于加强内部团结和凝聚力，在定义社区或国家身份的过程中扮演着关键角色，这有时可能导致排他性和对“他者”的边缘化，甚至也可能导致对不属于该宗教群体的“外人”或异教徒的驱逐或迫害。于是，当宗教被用作身份构建的工具时，它可能导致一种霸权的形成，其中某个宗教或信仰系统成为主流，同时排斥或歧视其他信仰系统。

从15世纪至17世纪，欧洲经历了一场广泛的猎巫狂潮。这个时期被标志为对“巫术”和“异端”的极端恐惧和打压。据估计，大约有40 000到60 000人因被指控为巫师而被处决，其中绝大多数是女性。[①]这一现象在很大程度上是由于当时基督教教会在社会和政治中的主导地位，以及它对社会规范和价值观的绝对影响力。教会的教义和传统在这一时期成为社会规范的主要来源。在这样的背景下，任何被视为违背或威胁这些规范的行为和信仰都会受到严厉打击。猎巫

---

① 参见Barstow, A.L., *Witchcraze: A New History of the European Witch Hunts*, San Francisco: HarperOne, 1994。

活动中，被指控的“巫师”通常被指责与魔鬼做交易、进行邪恶的仪式，以及引发自然灾害和疾病。这种指控常常缺乏实际证据，而是建立在恐惧、偏见和误解之上。猎巫现象的一个关键方面是它展现了宗教霸权如何与性别歧视交织在一起。由于女性常被视为更加容易受到“邪恶”影响，她们成了这场迫害的主要目标。这反映了当时社会对女性角色和行为的严格规范，以及对任何偏离这些规范的深刻恐惧。[①]因此，中世纪的猎巫活动不仅揭示了宗教霸权的排他性，还暴露了它如何与其他社会和文化规范相互作用，导致对特定群体的极端偏见和暴力行为。这一历史事件提醒我们，需要谨慎确定宗教等信仰体系在社会中的地位，以防止对群体的边缘化、不公和迫害。

在某些情况下，宗教与国家身份密切相关，甚至与国家政权结合。例如，某些国家可能将特定宗教的教义和实践视为国家认同的一部分。当这样的宗教或信仰系统成为主流时，它就可能形成一种文化霸权，使得其他信仰系统在文化、社会和政治层面上被边缘化，非主流宗教信徒可能会感受到社会排斥或政治边

---

① 参见 Broedel, H.P., *The Malleus Maleficarum and the Construction of Witchcraft*, Vancouver: University of British Columbia Press，2003。

缘化。这种霸权不仅限制了宗教多样性，还可能压制少数群体的文化表达和社会参与。而基于宗教的身份构建还可能导致社会分裂和冲突，尤其是在多元宗教的社会中。这种排他性可能表现为歧视、社会不平等，甚至暴力冲突。例如，历史上的宗教战争和现代的宗教冲突往往源于对宗教身份的极端诠释和排他性。

中世纪的十字军东征是一个典型的例子，展示了宗教身份与霸权是如何紧密结合的。这些军事远征最初的目标是夺回耶路撒冷和其他圣地，但它们迅速演变成了对伊斯兰教的宗教和文化排斥的象征。在十字军东征的过程中，十字军士兵被鼓励认为他们是在履行一种宗教义务，为了捍卫和重夺基督教圣地而战。这种观念不仅反映在当时的宣传和文学作品中，而且还深刻影响了十字军士兵的信念和行动。[①]这一时期的宗教霸权不仅体现在军事行动上，并深深影响了基督教和伊斯兰教之间的关系，加剧了两个宗教文化之间的对立和身份分裂。十字军东征不只是为了实现地缘政治的目标，它们还体现了当时基督教世界对于异教徒的普遍态度。这些远征被描绘为一种宗教义务，基

① 参见Asbridge, T., D. Perkins, *et al.*, *The Crusades: The Authoritative History of the War for the Holy Land*, New York: HarperAudio，2016。

督徒被认为是在为了捍卫和重夺基督教圣地而战。由此可见，宗教在身份构建中的作用及其可能导致的排他性和霸权现象，对社会和政治环境的影响既深且远。

三、经济和政治利益

宗教组织控制经济资源和政治权力的现象在历史上屡见不鲜，这种情形往往导致特定宗教势力在社会中形成霸权。这种霸权不仅体现在物质资源的控制上，还体现在对政治话语和决策的影响上。

许多宗教组织通过拥有土地、企业或其他资产来积累财富。例如，在中世纪欧洲，天主教会是当时最大的地主之一，控制着大量土地和农业产出。这种财富积累使教会产生了巨大的经济影响力，进而使其能够在政治和社会事务中发挥重要作用。中世纪的欧洲社会以农业为基础，土地是最重要的资源，教会通过赠予、遗赠或购买的方式获得大量土地。这些土地不仅用于农业生产，也作为教堂、修道院和学校的所在地。某些宗教领袖还通过慈善机构或商业投资积累财富，进而增强他们在社会和政治领域的影响力。[①]在

① Tawney, R.H., *Religion and the Rise of Capitalism*, New York: Verso Books, 1926, p.45.

中世纪欧洲教会还直接控制土地产出，尤其是农产品，这也为其带来了稳定的收入。教士通过对土地的直接经营或向农民征税积累财富，这使得教会成为当时最富有的机构之一。①

富足的宗教领袖或机构有时会与世俗政治领袖建立密切关系，甚至直接参与政治决策。例如，像欧洲教皇这样的宗教领袖，他们曾直接干预国家政治，甚至有权决定君王的合法性。教会能利用其财富支持或反对统治者，甚至直接参与政治决策，通过提供财政支持来影响君主的政策，或通过与王室结盟来提高自己的政治地位。②中世纪欧洲最著名的王权与教权冲突之一发生在教皇格里高利七世与亨利四世之间。亨利四世，即神圣罗马帝国皇帝亨利三世的儿子，于1054年年仅四岁时就被科隆大主教赫尔曼二世在亚琛加冕为国王。1062年，科隆大主教安诺二世劫持了年幼的亨利四世，迫使其母亲阿格尼丝太后放弃政权，安诺二世随即成为帝国的摄政。1065年，安诺二世强迫亨利四世与萨伏伊伯爵奥托一世之女伯莎结婚。亨利四

① Cantor, N., *The Civilization of the Middle Ages*, New York: Harper Perennial, 1993, p.138.

② Barraclough, G., *The Medieval Foundation*, London: Thames and Hudson, 1978, p.112.

世后来对教皇的权威持反对态度，特别是在1069年试图与伯莎离婚却未获教皇批准后更是怀恨在心。随着年龄的增长，亨利四世致力于加强王权，但遭到德意志诸侯的强烈反对，同时教会在新任教皇格里高利七世的领导下，开始努力提高教皇的权力，特别是通过了《教皇敕令》。

1075年，格里高利七世警告亨利四世不得干涉米兰总主教的任命。亨利四世坚持保留对主教叙任权①的控制，与教皇格里高利七世爆发冲突。作为对亨利四世干预的回应，格里高利七世于1076年2月22日对亨利四世实施绝罚，宣布他失去王位。这一决定导致大多数德意志诸侯在1076年10月的特雷布尔帝国议会上表态，若亨利四世不能在一年内恢复教籍，他们将不再承认他的合法性。1077年，为了恢复其地位，亨利四世在卡诺莎城堡外赤脚忍受严寒，请求教皇的宽恕，最终使得格里高利七世取消了对他的绝罚，这一事件史称"卡诺莎觐见"。然而，这一事件并未终结两者之间的冲突。到了1080年，亨利四世反击，率军南下，三次围攻罗马，最终占领梵蒂冈。亨利四世废黜格里

① 主教叙任权（investiture），指基督教教会中任命主教和修道院院长的权限。

高利七世，任命克雷芒三世为新教皇，并接受其加冕。格里高利七世在流亡中去世，而这段历史展示了中世纪王权与教权之间斗争的高潮，以及教会在政治上的巨大影响力。

宗教组织拥有的经济和政治霸权，还使它们能够在社会中的多个层面发挥重要影响，包括价值观的塑造、教育系统的管理、公共舆论的引导，以及在社会事务中的关键角色。

首先，宗教组织对社会价值观和文化规范的影响主要体现在其道德和伦理教义上。这些教义往往被融入社会的法律、规章和日常生活中，对人们的行为方式和思维方式产生深远影响。例如，基督教的“十诫”在西方法律体系的发展中就起到了重要作用。

基督教在西方世界的传播和发展与罗马帝国以及后来的欧洲国家的法律体系发展紧密相连。当基督教在4世纪成为罗马帝国的国教时，基督教教义就开始对法律体系产生深远影响。“十诫”是基督教教义中的核心部分，包含了关于道德、伦理和社会行为的基本原则。例如，禁止谋杀、偷盗和作假证等原则在许多西方国家的法律中都有所体现。这些原则被视为维护社会秩序和道德规范的基础。在中世纪，基督教教会对社会生活的方方面面都有所触及，教会法成为规范教徒行为的重要法律体系。教会法很大程度上基于基督教教义，特别是“十诫”的道德教导。虽然现代西方法律体系更加世俗化，但基督教的道德和伦理观念仍然在某种程度上影响着法律的形成。例如，许多关于个人权利和社会正义的观念就部分源自基督教教义，尽管在现代社会中这种影响已经变得更加微妙和间接。另外，宗教组织通过媒体和其他传播渠道宣传其观点，影响公共议题和社会舆论。宗教领袖的言论和立场常常引起社会广泛关注，对公共政策和社会观念产生影响。这种影响力在重大社会问题如同性婚姻、堕胎权利和环境保护等议题上尤为明显。[①]

其次，宗教在教育领域的影响也是多方面的，特别是在宗教组织运营的学校和教育机构中，这种影响表现得尤为明显。为了培养符合其信仰和价值观的下一代，宗教组织长期参与教育活动，现代许多宗教学校最初就是为了传播特定宗教的教义，并教育学生成为忠诚的信徒而成立的。这些宗教教育机构通常将宗教学习融入课程中。除了标准的学术课程外，这些学校大都还提供宗教文化、历史和道德观念的教学。例

---

① 参见 Twiss, S. B., *Religion and Public Policy: Human Rights, Conflict, and Ethics*, Cambridge: Cambridge University Press, 2015。

如，基督教学校可能开授《圣经》研究课程，伊斯兰学校则可能教授《古兰经》。通过在教育过程中融入特定的宗教观念，对学生的世界观和价值观产生影响。学生在这样的环境中成长，往往会接受并内化这些教导，这些教导还可能会持续影响到成年后的思想和行为。当然，在今天日益多元化和世俗化的社会中，宗教教育机构面临着平衡教义和现代教育需求的挑战，包括如何处理科学教育（例如进化论）和社会问题（例如性别平等）等方面的教学问题。尽管面临着来自现代社会多元化需求和观点的挑战，但宗教的教育霸权对人类的影响既深远又复杂。

再次，宗教霸权还制约着信徒日常生活的方方面面。宗教教义对其信徒的日常生活有着巨大影响。这种影响体现在多个方面，包括饮食习惯、服装选择、日常礼拜习惯，以及对伦理和道德的遵循等。例如，穆斯林遵循《古兰经》中的教义和伊斯兰教法中关于饮食的规定。最著名的是清真食品规定，这些规定详细说明了哪些食物是被允许的，哪些则属于被禁止的。诸如此类的影响不仅局限于个人层面，还扩展到社会和文化的整体层面，形成了独特的生活方式和社会结构。

最后，宗教的财富还使其在社会事务中扮演关键角色。财富不仅提供了资金支持来维持和扩展宗教活动，也使宗教组织能够在社会服务、慈善工作和社区发展项目中发挥重要作用。通过这些活动，宗教组织不仅传播其信仰，也提升了其在社会中的地位和影响力。天主教的中心梵蒂冈通过各种机构，如“彼得教皇慈善事务部”等，进行广泛的慈善工作。这些活动包括为贫困和遭受战争影响的地区提供人道主义援助。而这些资金的来源则是教会的捐赠和其他财政收入。①

四、抵抗与解放的工具

葛兰西的理论强调了统治阶级通过教育系统、媒体、宗教组织等机构传播其文化和意识形态，维护其统治的方式。在这个框架下，宗教可以被视为一种文化霸权的工具，通过教义、仪式和道德规范来塑造公众意识和社会价值观。同时，宗教也可以提供一个反霸权的意识形态空间。宗教信仰中关于正义、平等和怜悯的教义，可以成为对现存社会不平等和不公正的批判基础。这样的宗教框架可以激发社区成员的认同感，动员他们参与社会变革活动。

如前所述，宗教团体具有强大的社区组织能力和

① 参见Pichon, C., *The Vatican and Its Role in World Affairs,* Louisville: Bellarmine University Press, 2020。

凝聚力。在葛兰西的观点中，这种组织能力是对文化霸权进行挑战的关键。宗教团体能够通过其网络、资源和影响力，动员社区成员参与到反对现有权力结构的行动之中。宗教标识和象征的使用，特别是在公共场合，不仅表达了信仰，也可以被看作是对现存社会秩序的挑战。这种象征性的反抗可以激发社会对现有权力和社会结构的重新审视。

因此，一方面，宗教既可以是社会霸权的维护者；另一方面，宗教也可以是抵抗和变革的工具。它的这一双重性质，源于宗教信仰深刻的社会影响力、组织结构、道德价值观和象征意义。在不同的历史和文化背景下，宗教在社会变革中扮演的角色各不相同，影响力不容忽视。

例如，种族隔离是20世纪中叶南非实行的一种基于种族的社会制度，它始于1948年南非国民党上台，并持续到1991年。这个制度通过一系列法律如《族群登记法》《土地法》和《通行证法》等将南非社会中的种族分隔开来，确立了一种以白人为主导的政治和社会结构。在这个制度下，非白人面临着住房、教育、医疗和公共生活等方面的严重歧视。非白人被迫居住在指定区域，接受低质量的教育和医疗服务，同时被剥夺了参政权，经济上也处于劣势地位。[1]基督教领袖和教会扮演了反对种族隔离制度的重要角色。基督教教会在南非拥有道德和精神上的权威地位，这使其成为挑战不公正制度的自然平台。宗教领袖利用这一点来鼓励人们站出来反对种族隔离。在这个背景下，戴斯蒙德·图图大主教的贡献尤为显著。最终，包括教会在内的来自各界的压力促使1990年的南非政府开始废除种族隔离法律，并在1994年举行了第一次全民族大选，这标志着种族隔离制度的结束，南非进入了一个新的民主时期。

在南非种族隔离时期，很多公共集会和政治活动都受到限制。教堂成为人们聚集、交流想法和组织反抗活动的安全场所。在长期的斗争和挑战面前，基督教的确为许多反抗者提供了精神上的激励和安慰。通过信仰，许多人找到了继续斗争的力量和希望。基督教教义中关于平等、正义和爱的教导成为反抗种族隔离的理论基础。

在探讨宗教运动在抵抗社会不公和压迫方面的作用时，中国历史同样也提供了一些有意义的案例，展

---

① Apartheid, Encyclopedia Britannica, https://www.britannica.com/topic/apartheid，2023年11月18日。

示了宗教在中国社会变革和政治运动中的影响。如宗教和政治紧密结合的太平天国运动，就是一场以基督教教义为基础的大规模民间起义。屡试不第的洪秀全在几本基督教小册子中找到了利用宗教来实现自己政治抱负的契机，他宣称自己获得了来自上帝的启示，从而发起了反对清朝政府的战争。这场运动不仅具有宗教色彩，还包含社会改革的理念，如《天朝田亩制度》的土地公有制等。太平天国对晚清社会政治结构的挑战虽然遭到镇压而最终失败，但它对清朝政权造成了巨大冲击，并对中国后续的社会政治发展产生了深远影响。其他再如红巾军起义、白莲教起义都是起义领袖利用宗教影响力，在中国农民阶层中引发了广泛共鸣，展示了宗教信仰在动员民众、组织抗争中的潜力。这些例子都显示出，宗教团体与政治反对派的联盟可能会形成对现有霸权的有效挑战。

第二节　宗教霸权何以成为战略

宗教霸权理论涉及一种宗教或宗教观念如何在社会中占据主导地位，并影响政治、经济、文化和社会价值观。宗教霸权又是如何付诸实践，如何成为战略而发挥其影响力的呢？可以从以下几个方面进行探讨。

一、宗教霸权与文化和意识形态传播战略

宗教霸权往往与其信仰和价值观的广泛传播相关联。这种传播可以成为一种软实力战略，影响其他国家和地区的文化和社会结构。宗教信仰的普及也可以促进国际社会对特定世界观和道德观念的理解，对国际关系产生深远影响。这种文化与意识形态的传播往往会通过媒体、艺术及文学等形式表现出来。

控制与影响媒体平台是当今宗教霸权传播其信仰和价值观的一个关键战略。宗教组织通常利用多种媒体平台，包括电视、广播和网络媒体，来达到这一目的。这些组织可能直接拥有媒体资源，如电视台和广播站，或者通过更为广泛的社交媒体网络来扩大其影响力。例如，一些大型宗教团体运营自己的电视网络，定期播放与其教义相关的节目，这不仅帮助固化现有信徒的信仰，也可以吸引新的追随者。此外，宗教组织也通过控制媒体内容，确保其传播的信息符合特定的教义和价值观。这种做法在网络媒体上尤为明显，网络平台为宗教组织提供了一个广泛传播其信息和观点的机会。通过社交媒体帖子、博客文章和在线视频，宗教霸权能够接触到一个更广泛、更多样化的受众群体。例如，在国际著名的社交网站如优兔网

（YouTube）和脸书（Facebook）等平台上，大量宗教团体正在利用这些平台发布与其信仰相关的内容，从而吸引全球范围内的观众。在实现这些策略时，宗教组织通常会针对特定的受众群体。他们可能会制作针对年轻人的内容，使用更为现代化和吸引人的方式来呈现宗教信息，从而在年轻一代中树立其影响力。比如，一些宗教团体通过制作具有现代感的音乐视频或短片，来吸引大量年轻人的注意，推广特定的宗教价值观和世界观，影响公众对各种社会和政治等问题的看法。

宗教组织通过定制内容，如新闻报道、纪录片、访谈等，来强化其教义和哲学，这是一种有效的内容策略。这种策略的关键在于如何制作和传播与教义和哲学一致的内容，同时确保以各种形式吸引和教育其受众，让信息传播的渠道成为深化和扩展宗教影响力的工具，帮助构建全面的宗教叙事，影响着信众的信仰生活和对周围世界的理解。

宗教在艺术的各个领域中也有着深刻的表现和影响，这包括视觉艺术和表演艺术。宗教艺术不仅仅是宗教表达的一种方式，它还具有深远的文化影响力。宗教艺术作品，无论是视觉艺术还是表演艺术，都能够跨越语言和文化的界限，触及人们的情感和精神。

这种跨文化的共鸣使得宗教艺术成为一种强大的文化软实力，能够促进人们对特定宗教文化的认知和接受。通过艺术的形式，宗教故事和教义被重新诠释和表现，从而在不同文化和社会群体中找到共鸣点。例如，基督教的宗教画作和圣诞音乐已经成为全球文化的一部分，不仅在基督教徒中流行，也被非基督教文化所接受和欣赏。这些艺术作品通过其美学价值和情感表达，使得宗教理念超越了宗教本身的界限，成为人类共有的文化遗产，其强大的跨文化影响力，促进了不同宗教和文化之间的交流与理解。

宗教思想在文学作品中的体现和艺术一样，也是一个深远而复杂的话题。文学，作为一种反映人类经验和探索人类情感的形式，经常融入宗教主题和教义，不仅展现了宗教文化的多样性，也反映了宗教对个人和社会的深刻影响。文学作品中的宗教思想不仅是对宗教教义的直接描述，更是对宗教在人类生活中角色和影响的深刻探讨，反映了宗教思想的多样性和复杂性，影响着读者的宗教观念和价值观。

二、宗教霸权与政治影响力战略

宗教霸权在政治领域的影响是一个多维和复杂的议题。在宗教霸权框架下，政治力量与宗教力量之间存在着一种双向的互动和影响关系：不仅政治力量能够左右宗教的发展态势，宗教领袖和组织也可能对国家政策和国际政治产生影响，他们的意见或教义可以成为政策制定的参考，影响国家的内部政策和外交政策。

无论是在中国还是在世界的政教关系史上，政治体系和政策影响宗教团体发展态势的案例均屡见不鲜，如李唐与道教的关系，“三武一宗”的灭佛，阿育王与佛教的壮大及对外传播，等等。政府可以通过法律和政策来支持或限制特定宗教团体的活动。政治力量有时还会为某些宗教团体提供特别的支持或保护，这可能是出于宗教与国家身份、历史或文化深深绑定的原因。例如，在某些国家，特定宗教可能享有特殊的地位和政府支持。英国国教教会是英格兰教会，即圣公会，16世纪英格兰宗教改革时期，由英格兰国王亨利八世领导而开创的基督教会，至今作为英国英格兰的国教。教会的辖区是今天英国的英格兰地区，首席主教为坎特伯雷大主教，副手是约克大主教，且英国君主拥有英格兰教会最高领袖的头衔。英国政府为英格兰教会提供特定的支持，例如大主教有权在上议院担任议员。[①]另外，在以佛教为主的泰国，佛教与其国家

---

① 参见Chapman, M., *The Establishment of the Church of England in the Anglican Tradition*, London: Routledge, 2016。

传统和文化也紧密相连。泰国国王被视为佛教的保护者，许多佛教活动都是在政府支持和资助下进行的。

从宗教对政治的影响角度看，宗教领袖和组织的意见在很多国家也被视为重要的政策制定参考。他们对社会道德、伦理标准的解释和立场，可以影响诸如婚姻法、教育政策、生命权问题（如堕胎和安乐死）、家庭结构、性别角色等方面的重要政策的制定，如美国的基督教右翼。此外，1979年的伊朗伊斯兰革命也是宗教对政治影响的一个显著例子。在霍梅尼的领导下，宗教力量推翻了沙阿政权，建立了一个以伊斯兰教义为基础的政体。这个案例展示了宗教领袖如何领导政治运动，实现政治和社会的巨大变革。

在国际政治中，宗教领袖和团体有时扮演着和平使者的角色，特别是在解决宗教或文化冲突的过程中。某些国家的外交政策可能受到宗教信仰的影响，如在处理国际援助、难民政策和国际关系时考虑宗教因素。梵蒂冈的国际外交角色就特别突出，尤其是作为罗马天主教的中心，在多个重要的国际事务中发挥了调解者的作用。

因此，在宗教霸权的背景下，政治与宗教之间的相互作用构成了一个复杂的网络，它们相互影响、相互塑造。

三、宗教霸权与经济战略

宗教霸权与经济战略相结合，形成了一个强大的工具，用于推广特定的信仰和价值观，同时在全球经济中占据重要地位。这种战略不仅反映在直接的财务活动上，还体现在对经济政策和全球市场的影响力上。

宗教组织往往掌握着庞大的财富，这些财富被用于投资各种市场，包括股市、房地产市场和其他商业领域。例如，某些宗教基金会可能投资跨国公司，或者在全球范围内购买地产，这不仅为宗教组织带来了财务收益，也增加了它们在经济领域的影响力。通过这种方式，宗教组织可以间接地推广其价值观，例如投资符合其道德和伦理准则的企业。梵蒂冈不仅是天主教的精神和行政中心，长期以来还在全球金融市场中占据一席之地。特别是其金融机构，即梵蒂冈银行（Institute for the Works of Religion），是其投资活动的核心机构。这家银行的主要功能是管理天主教会的巨额资金，包括梵蒂冈的财富和世界各地教区的捐赠。它的目的不仅是保障教会财产的安全，还包括通过投资增加其收益，以支持教会的各种活动和慈善工作。这些活动和战略反映了梵蒂冈不仅作为一个宗教权威，还作为一个全球金融参与者的双重身份，其经济活动与信仰使命紧密相连。

宗教组织的慈善活动通常包括对教育、医疗和贫困缓解等领域的资助。这些活动不仅体现了宗教的核心教义，比如同情和奉献，而且也帮助宗教组织在社会中树立积极形象，拓展其霸权的影响力。例如，宗教慈善机构在全球范围内建立学校、医院和福利机构，这些机构往往传播特定宗教的信仰和价值观，同时在当地社会中发挥重要作用。一个典型例子是伊斯兰国际救援组织。该组织成立于1984年，其目的是根据伊斯兰教的教义提供人道主义援助。该组织致力于缓解贫困、提供教育和医疗支援，同时响应全球紧急灾害援助和冲突调解。它的活动基于伊斯兰教的核心价值观，如同情、奉献和社区服务，旨在帮助世界各地的穷人和需要援助的人。这些活动也帮助宣传伊斯兰教的价值观，增加伊斯兰教在全球的影响力。[①]

四、宗教霸权的社会和法律规范战略

宗教霸权可能推动特定的社会和法律规范，影响

① 参见Benthall, J., *Islamic Charities and Islamic Humanism in Troubled Times*, Manchester: Manchester University Press, 2016。

国家和地区的社会结构和法律体系。宗教律法和道德准则可能成为法律制定的基础，影响人权、性别平等和其他重要的社会问题。

在许多国家，特别是那些宗教在国家身份中占据核心地位的国家，宗教律法和教义常常成为法律制定的基础。伊斯兰国家如沙特阿拉伯和伊朗，法律体系就深受伊斯兰教法影响。这些法律体系通常围绕宗教教义制定，覆盖从婚姻到财产权的各个方面。而宗教霸权在某些情况下也可能对基本人权产生负面影响。在一些国家中，宗教规范可能限制言论自由、宗教自由或性别平等。在伊朗，宗教规范对言论自由和宗教自由有明显限制。伊朗的政治和法律体系深受伊斯兰教法的影响，特别是在言论和宗教实践方面。例如，批评伊斯兰教或政府高级宗教领袖可能会受到严厉的惩罚。又如，非穆斯林在举行宗教活动时面临诸多限制。

宗教对性别角色和性别平等的看法在不同宗教和文化中也有所不同。在一些社会中，宗教教义被用来支持性别角色的传统观念，限制女性的权利和机会。然而，在其他情况下，宗教组织可能成为促进性别平等的先锋，提倡妇女权益和性别平等。在美国，一些积极参与推动性别平等的团体正是来自基督教。例如，美国圣公会在提倡妇女权益方面一直走在前列，他们支持妇女晋升为牧师和主教，甚至在2006年为来自内华达州教区的凯瑟琳主教在华盛顿国家座堂举行了就职典礼，她是美国圣公会历史上第一位女性首席主教。按立妇女的举措反映了一种更加平等和包容的性别观念。不同宗教对性别平等观念有着限制或促进的不同影响，这些观念显然是宗教、文化和历史背景交织在一起的结果。

五、宗教霸权在国际关系与冲突解决中的战略

宗教霸权在国际关系中可以发挥独特的作用，特别是在冲突解决和外交政策方面。宗教信仰和宗教组织可能成为促进和平谈判和冲突调解的桥梁。

宗教领袖常常被视为道德权威和信任的象征，这使他们能在冲突地区斡旋和平。例如，前文所述的安哥拉教会领袖图图大主教不仅在国家层面上促成了种族和解，还在国际社会中争取支持，帮助结束了长期的种族隔离政策。而在冲突地区，宗教组织常常还可以成为各方信任的中立者，能够协助调解和解决纷争。例如，在菲律宾，伊斯兰教组织参与了与政府间的和平进程，协助解决了长期的宗教和族群冲突。这些组织通过促进对话和理解，帮助建立持久的和平。

在国际政治中，宗教信仰和宗教组织有时也能够

促进外交关系的和平发展。例如，梵蒂冈长期以来在国际事务中发声，通过其广泛的外交网络和道德权威，影响国际事务，特别是在提倡和平与人权方面。

在冲突和危机中，宗教组织往往还是提供人道主义援助的组织之一。他们的工作不局限于物质援助，还包括心理支持和社区重建工作。例如，在叙利亚和伊拉克的冲突中，各种宗教慈善组织在前线提供援助，并帮助难民和受害者重建生活。

这些组织建立了一种跨越政治界限的沟通渠道。它们的行动不仅提供了物质援助，更重要的是，为双方提供了互相了解和建立信任的机会。这种在民间层面的活动，虽然看似不具有明显的政治色彩，实际上却在悄然影响着国家间的关系。在这一过程中，可以看到宗教霸权战略的形成，作为一种文化和社会力量，宗教团体利用其在社会中的影响力和公信力，有效地介入了政治紧张区域，扮演了独特的外交角色。

六、宗教霸权的教育与价值观塑造战略

通过教育系统，宗教霸权可以塑造年轻一代的价值观和信念。在学校和教育机构中传播特定的宗教观念，可以对社会的长期发展产生更为深远的影响。

教育系统可以通过纳入特定的宗教教义、历史解

释和价值观念来推广特定宗教的观点。宗教组织在某些国家和地区可能对学校有直接的控制权或影响力。这可能表现为学校的运营管理、师资招聘，甚至是学校政策和规章的制定，确保它们符合特定宗教的教义和道德准则。教师在传播和强化宗教信仰方面扮演着重要角色。他们不仅是知识的传授者，也是价值观和信仰的模范。在某些情况下，教师可能会被要求或自发地在课程中融入宗教观念，影响学生的思维方式和世界观。在学校和教育机构中举办的宗教活动，如宗教节日庆典、礼拜仪式和宗教主题的社会服务活动，都有助于加强宗教信仰在学生心中的地位。这些活动不仅强调了宗教信仰的重要性，还有助于形成以宗教为中心的社区认同感。然而，宗教霸权在教育系统中也体现出了负面作用，有时可能限制批判性思维的发展。通过强调接受而非质疑宗教教义，宗教霸权易于在年轻一代中培养出一种不容置疑的信仰态度，这可能对社会的开放性和多元性产生负面的影响。

第四章
宗教霸权战略的实证分析

在深入理解了马杜罗的宗教霸权理论后，我们现在将这些概念应用于一个具体的案例研究：现代韩国的政教关系。韩国作为一个在宗教多样性和政治动态方面极具特色的国家，为我们提供了一个理想的实证研究场景。

第一节　韩国宗教霸权的经济战略

在经济战略中，韩国的统治阶层通过提供特权和财富来努力建立与韩国宗教界最高级神职阶层的联系。旨在将高级神职阶层纳入现有的经济体系，并在这个神职阶层中创造出对统治阶层和现有体制（不是明确的，而是隐含的）感到负担的约束条件。

朝鲜半岛光复后，长期以韩国最大宗教自称的佛教在美军政府及其后继政权中都成了被整合收编和排斥的对象。1945年美军政府延续了日治时期的寺刹令制度，军政府开始进行“敌产核查”，接管了日本人设立和经营的日本式寺院中的大部分寺产，剥夺了所有佛教寺院的人事权和财产权，该制度一直持续到1961年。另外，军政府支持的韩国佛教革新运动的核心力量——朝鲜佛教革新会被打上了左派的标签并遭到解散，此后，政府持续打压佛教革新阵营的人事，阻碍佛教界内部的改革，并持续干涉佛教内部事务，在多派别的带妻僧和少派别的比丘僧之争中支持少数派别的比丘僧。

比丘派和带妻派之间的斗争正是韩国佛教教产管理权和教禅之间的教理争端的表面化。在李承晚时期，这种排斥佛教的战略进一步加强，寺刹令制度得以继续实施，军队的军宗军牧制度中排除佛教。这导致带妻派和比丘派之间的派系斗争持续加剧，当时以比丘僧为中心的少数派也常向政府寻求帮助，极度依赖政府。李承晚政府对佛教问题的干预违反了韩国宪法禁止政府干涉宗教的规定，尽管韩国国会通过决议或督促具有法律效力的最高法院判决来呼吁政府不要干预宗教事务，认为这是一种超越法律界限的做法，却无法阻止总统和佛教间的合作。在朝鲜战争期间，当比丘派的力量得到全面控制时，李承晚政府继续向比丘派提供强有力的支持。此外，佛教徒们在军队面前发起北进统一运动，1956年，比丘派代表们访问军方总司令李承晚，呼吁他连任总统，李承晚则八次发表声明支持比丘派，比丘派和政权之间明确形成了依赖和支持关系。这种政府拉一派打一派的战略，导致在建国初期仅有200—600人的比丘僧到1955年年中已经超过1000人，到1959年已增长到2700人，而曾有7000名僧侣的带妻僧同时大幅减少到只有1600人，且很多人集体发起了离婚诉讼。[①]由此，比丘僧被保护，佛教界则被政府控制，从而也为后来成为韩国主流的佛教比丘派被迫长期与之后的政权保持从属关系，成为权力的附庸埋下了伏笔。

这段历史展示了统治阶级如何利用宗教霸权的经济战略来巩固其政治控制，并影响宗教团体的发展轨迹。在韩国，政府对佛教的干预和控制不仅是政治战略的一部分，也反映了经济战略的运用。韩国政府与佛教比丘派之间的关系揭示了统治阶级如何通过宗教霸权来巩固自身权力。政府通过支持比丘派，获得了一个忠诚的社会力量，这有助于维持社会稳定和政治控制。同时，比丘派作为得到政府支持的僧人派系，

---

① Bae, J., "The Current Review of Buddhist Purification Movement", *Buddhism and Korean Society*, Vol.3, 1989, pp.80-81.

其影响力和资源得以增强，成为韩国佛教中的主导力量。而通过控制佛教寺院的人事权和财产权，当时的韩国政府实际上掌握了佛教经济的大部分。这种控制不仅限制了佛教组织的独立性，还使得佛教成为政府政策的工具，进一步巩固了统治阶级的经济利益。但长期的政府干预导致了佛教内部的派系斗争加剧，破坏了佛教团体的内部和谐。这种干预不仅改变了佛教的社会地位，还影响了其在韩国文化和社会中的作用。长期以来，佛教与政权的从属关系限制了其作为一种精神力量的独立性和创新性。

当然，这种政府对佛教的控制造成的韩国佛教对政府的依赖关系在未来的政治变化中产生复杂的影响也是可见的，韩国佛教在后来的卢泰愚政权追求宗教平衡的战略中，很好地充当了政权维护的工具的角色。

1987年，由于当时韩国佛教的财产权仍然在政府手中，因此当时韩国政府将原有的《佛教财产法》舍弃，替换为新的《传统寺庙保护法》。因此，除了被指定的“传统寺庙”，其余所有动产和不动产都划归为佛教界所有。此外，即便在“传统寺庙”之内，政府也为其打开了财政支持的道路，不仅出资支持寺庙的维护和修缮，政府也不再行使财产权。《传统寺庙保护法》不仅是民主化的结果，也是总统制下争取佛教界支持的一种包容性战略。1987年总统大选时，候选人卢泰愚也因此赢得了佛教界的广泛支持，这些宽容政策对他当选总统起到了很大的帮助。

卢泰愚政府通过修改对佛教财产权的管理方式，实际上是在追求政治和宗教之间的互利关系。政府放弃对佛教财产的直接控制，表面上看是一种宗教自由和尊重的表示，但实际上这也是一种争取佛教界支持的战略，尤其是在民主化的背景下。随着佛教财产权的释放和政府财政支持的到来，佛教的影响力显著增强。这种变化使得佛教成为政治上的重要力量，能够在选举和政策制定等方面发挥作用。后来《传统寺庙保护法》的制定不仅是民主化进程的产物，也反映了统治阶级在新政治环境下调整宗教霸权战略的需要。通过这种包容性政策，卢泰愚政府成功地利用宗教资源来巩固其政治地位，并获得了广泛的民众支持。卢泰愚政权的这一政策举措是一个典型的宗教霸权经济战略的实例，展示了政府如何通过调整宗教政策来实现政治目标，并在新的政治环境中维护其影响力和控制。显然，这种战略的实施，在短期内的确给统治者们带来了丰厚的政治利益。

第二节　韩国宗教霸权的法律和政治战略

韩国统治阶层为了促进有利于自身的宗教霸权战略，制定相关法律和制度，授予最亲近他们利益关系的神职阶层特权，以形成联系，也试图抑制反对统治的宗教运动的增长趋势。

韩国社会中宗教自由开始得到保障的时期可以追溯到朝鲜半岛解放后美军占领韩国期间。1945年9月7日，美军总司令向朝鲜人民发布第1号公告，公告称："占领朝鲜是为了执行日本投降书中的条款，并保障朝鲜人民的人权和宗教上的权利。"随即，宗教活动愈发地自由化，许多新兴宗教不断涌现出来，各种宗教所处的局面也均发生了变化，宗教派别之间激烈竞争，美军统治和李承晚政权为了稳定社会、树立政权威望，对各宗教采取了各种不同的战略。宗教领袖们为巩固自身宗教权威而采取的不同态度也显现出来。在这种政治和宗教背景下，韩国社会的发展方向以及社会意识形态的形成受到了很大影响，也决定了这一时期韩国的政治权力和宗教之间的关系向着更加复杂纠缠的方向发展。

在第二次世界大战之后，随着东西方冷战格局的确立，以北纬38度线为界，朝鲜半岛南北分裂。美军司令部对朝鲜南部实行军事管制的治理战略，最终目的在于维护以美国为主导的世界秩序，实现在“三八线”以南建立亲美反共的政权。因此，美国的半岛统治战略不仅带有分裂朝鲜半岛的现实效应，也是其维护自身霸权地位的一种具体表现。这种美军政权的统治战略在宗教政策中也得到了体现，即支持亲美反共的宗教派系，或者是能够成为韩国独裁政权支持者所属的宗教派系。相反，那些被认为是对此持反对态度的宗教派系则遭到打压。这是美军政府的基本宗教政策。

在美军政府的基本宗教政策下，一方面，韩国的西方宗教教派如基督新教和天主教迅速发展，新兴教派如天道教也迅速成长；相反，传统宗教如佛教和儒教则在日本殖民统治期间积极活跃，但在解放后逐渐式微。另一方面，因为日本殖民统治期间的“类似宗教解散令”而解散的新兴宗教团体在独立后也得到了重建，但是对于建立国家和与政治权力的关系方面并没有进行积极的活动。

在韩国建国初期，宗教团体所面临的最大难题是无法通过自身的活动来参与到争取民族独立及国家形成的进程中去。任何一种宗教都无法独立承担这一历史使命，因为它们都没有相应的能力。[①]在美国占领时

---

① 윤승용, *현대 한국종교문화의 이해*, 파주: 한울아카데미, 1997, p.104.

期和李承晚政权时期，政治和社会最大的问题是意识形态问题和清算日本残留问题。于是，各宗教团体只是通过依赖政府支持宗教组织和宗教活动的保障来应对新的变化。在这方面，宗教团体的主要关注点是在宗教领袖的层面上获得优势地位。最有效的方法即是通过表达支持亲美反共的导向，以及支持韩国独裁政权的建立，以此获得美国当局和韩国政府的信赖、支持与合作。

在这种情况下，当时拥有最有利地位的是基督教新教团体。由于韩国的新教教派大部分是由美国传教士建立起来的，长期以来得到美国政府和宗教界的支持，并且保持了反共立场，符合韩国建国初期政府的政策导向。派驻在美国占领时期的韩国行政官员大多数也是新教教徒。在当时可以说英语是在韩国能够工作的重要因素的情况下，能够说英语的韩国人大多是受过西式基督教教育的人。韩国的亲美反共意识是美军政府和新教的共同点，因此它们必须保持密切的关系以实现共同目标。美军政府的领导层采用了霸权战略中政治和法律上的收编性战略，以使新教成为支配宗教。当时美军政权的高层将领们对传教士们保持着亲和与互相合作的态度。当时，美军部队和政治精英们认为美国的市民宗教（civil religion）具有美国式选民主义和末世论思想[1]，他们自认应当遵守民主主义、维护国家主义，与恶魔力量进行斗争，并与传教士们的宣传口号“通过打败邪恶势力来传播上帝的话语”相契合[2]，容易在社会面取得公众认同。因此，在施行美军军事政权的地方，传教士们往往会表现得更为强势，并且他们的宣传口号可以轻易地在美国国内的新教徒中间传播，以此提供和获得最有利的政治权力途径，实现反共的目标。在这样的情境下，当时韩国的新教徒就是对美军政府最为有利的力量，他们自然成为亲美反共的宣传渠道。

这样一来，基督教教派在与其他宗教的对比中，能够很容易地掌握在美军政府掌控的地方取得宣教优势，而且结合基督教教团的宗教使命声明，即“与邪恶的力量进行斗争，直到世界的末日听上帝的话”，于是基督教很容易被韩国社会所认同和接受，这样的宣传使命声明也营造了政府权力接近韩国基督教徒的最佳环境。同时，在这样的情况下，基督教教派在军队政策中也得到了反映，取得了军宗教牧的便利。美军

---

① Bellah, R. N., “Religious Evolution”, *American Sociological Review*, Vol. 29, 1964, pp.358–374.

② Bellah, R. N., “Religion and the Legitimation of the American Republic”, *Varieties of Civil Religion*, New York: Harper & Row, 1980, pp.3–23.

政府机构制定了军政法规和其他宗教相关法规，实行了公认教派政策[①]，即美军政府赋予基督教以国家公认教派的地位，而其他宗教教团并没有得到承认，因此，美军政府对基督教以外的其他宗教只是持口头上承认宗教自由的态度。

另外，美军政府还实施了一些优待基督教的做法，如将基督教节日作为社会公休日，包括引入星期天假日制度、圣诞节假日等，在国葬仪式和国民丧葬仪式中加入基督教的宗教仪式，还有专门针对新教和天主教的税收优惠、豁免，对日本留下的积压财产的使用权和廉价销售权，等等。此外，还通过公共广播电视进行传教，为宣传福音提供空间，转播圣诞节庆祝活动并且制作特别节目，解除通行禁令，发表特别广播，为天主教倾向的报纸提供特权，等等。在教育和文化方面也提供了慷慨的支持。一系列针对新教的措施为新教提供了迅速深入人民生活的契机。[②]由于美军政府的宗教政策，基督教教派在与其他各种宗教的对比中占据了绝对优势。

美军政府通过赋予基督教国家公认教派的地位，

---

① 강돈구, “미군정의 종교정책”, *종교학연구*, 제12집, 서울대학교 종교학연구회, 1993, pp.26–42.

② 강돈구, “미군정의 종교정책”, p.39.

实际上在法律和政治上优待了基督教。根据宗教自由的原则，这种做法是不平等的，因为它为基督教提供了特权，同时忽视了其他宗教团体的权利和地位。通过制定特别的法规和政策，美军政府实际上有效地扩大了基督教在韩国社会中的传播范围和影响力。也由于政府政策的倾斜，基督教与其他宗教之间的力量对比产生了显著的不平衡，这可能导致宗教多元性的减弱。在这种环境下，非基督教团体可能面临较大的挑战，无法有效地传播自己的信仰和文化。

早期韩美政府的这些宗教政策对韩国的宗教景观产生了深远的影响。它不仅在短期内改变了各宗教团体之间的力量平衡，也直接塑造了韩国基督教迅速在战后成为现代韩国第一宗教的局面。

第三节　韩国宗教霸权的教育文化战略

韩国统治阶层致力于创造或加强有利于他们的文化观念和教育制度。他们试图将教士阶层置于这些文化机构和教育体系的管理职位中，以使教士自身被统治者的思想所熏陶。因此，这种教育文化战略成为传递政府思想和观念的渠道。

天主教在韩国建国不久也与美军政权之间保持了

友好关系。通过运用反共神学，韩国天主教一早也确立了其反共立场。韩国天主教会反共的历史传统，不仅表现在朝鲜战争前后罗马教皇的一贯态度上，也因为朝鲜共产主义政权对教会的镇压、强制宗教改革以及牧师、神职人员、信徒的牺牲而更加得到强化。所以，对于韩国天主教来说，反共立场不仅是一种选择，更多的是一种责任和义务。

1945年，基于与政权的友好关系，韩国天主教轻松地获得了被朝鲜共产党没收的杂志社，复刊天主教报纸《京乡新闻》，进一步巩固了其在宗教市场中的地位。但到了李承晚执政时期，其与天主教的友好关系开始发生变化。朝鲜战争的爆发成为让他们确认自身信仰和李承晚政权道德水准存在巨大差距的契机。

随着时代的变化，韩国天主教反共的表述变得更加从现实和信仰上出发，内容也更加关注战争的意义。[①]一些天主教神父开始对社会问题提出质疑。他们无法接受当时韩国社会的战争、许多民众的痛苦以及政权的腐败和道德问题。在此期间，之前美军军政将没收朝鲜共产党的朝鲜精版社转让给天主教团而复刊的《京乡新闻》也开始批评政府的道德水平。随后，

---

① 김지방, “대통령들의 종교”, p.24.

李承晚政权与天主教的关系由友好逐渐转变为对立和敌对。政府对《京乡新闻》采取了镇压和解散等手段，下达行政命令和停刊处罚；将天主教徒的公务员调往偏远的地方或解雇；并将卢基南主教视为“亲共教徒”，甚至派遣法务部长到梵蒂冈，要求梵蒂冈不要任命他为首尔大主教，对天主教施行压制战略。

韩国天主教与美军政权之间的初期友好关系突显了宗教与政治权力相互依赖的特性。美军政府和李承晚政权通过与天主教建立友好关系，利用教会在社会文化和教育领域的影响力，推动了与政权利益一致的教育和文化议程。在这一过程中，天主教教育机构和媒体如《京乡新闻》成为宣扬特定政治和文化价值观的工具。天主教会的反共立场被统治阶层用作政治工具，通过教育和宗教活动弘扬反共主义，以符合当时的政治需求。这种战略不仅强化了宗教在政治宣传中的色彩，也影响了宗教教育的内容和方向。天主教会方面则通过与统治者建立联系，加强了自身在宗教市场中的地位，并利用此关系来扩展其影响力和资源。但这种战略在一定程度上是基于共同的反共立场和文化利益，当这种反共立场成为一种宗教团体的道德责任，随即会影响教会的文化和教育战略。

随着时代的变化，特别是在李承晚政权下，天主教与政府的关系由友好转变为对立。这种转变反映了宗教霸权如何在政治变迁中受到挑战。政府对《京乡新闻》的镇压和对天主教徒的迫害，展示了当政者试图通过文化和教育手段来控制宗教影响力和言论自由，一些天主教神父开始对社会问题提出质疑，此时的宗教媒体不仅是信仰的体现，也成为社会批判和道德反思的平台。可见，随着时间的推移，天主教会开始在教育和文化领域内批判社会和政治现象，反映出宗教在教育和文化战略中的复杂性。这表明，尽管宗教被用作统治阶层的工具，但它也具有挑战和改变现存政治和社会结构的潜力。宗教团体在追求自身利益的同时，也极可能成为政治和社会批判的力量。

第四节　韩国宗教霸权的压迫战略

韩国的统治政府尤其是在共和国早期有时会行使外在强制力，促使韩国市民接受对维护现有秩序有利的宗教。此外，他们试图通过将最接近他们利益关系的神职阶层赋予特权来建立联结感，以抑制反对统治的宗教运动的增长。

韩国自独立后到朴正熙和全斗焕的第五共和国政府，是韩国现代政治的威权时代，这30多年是韩国政治向现代民主化政治转型的过渡期，也是韩国统治阶层对宗教团体的压迫战略最集中的军政府时代。虽然军事政权将反共作为国家的首要任务，但与以前的政权不同的是，它表现出亲传统宗教的性质，增强了政府干预传统宗教的能力，并且将强大的国家威权主义与宗教相结合，逐渐重组了佛教、基督教和天主教三大宗教体制。李承晚政权和朴正熙政权在向主要支配宗教提供多种特权的同时，对其他非主流宗教实行分化统治，甚至将一些宗教团体打上“左翼”或“迷信”的标签并剥夺其宗教性。在这个过程中，成为主流宗教的佛教、基督教和天主教借助宗教教育扩张势力，逐渐扩大了它们对社会的影响力。在这一时期，国家仍然保持着对宗教的强大控制力，同时实行包容主义和排他主义的战略，政府努力将其所重视的意识形态扩大到公民的宗教信仰上。

在“5·16”军事政变后，朴正熙军政权的宗教政策通过国家重建最高会议颁布的《宗教组织注册法》得到了很好的体现。这项法律规定，在政府强制干预宗教的同时，要通过了解各种宗教的内在力量和问题，来加强对宗教的管制。这项法律的颁布使所有宗教组织都必须向政府注册并获得批准。因此，未获批准的宗教组织甚至丧失了其存在权，获得批准的宗教组织的人员和物质资源也受到政府的控制，这成为军政权控制宗教组织的手段。在拥有明确的宗教组织控制机制的军政权下，政治精英们与宗教组织之间的关系被构建为一种垂直的关系。

1979年，朴正熙遇刺身亡后，全斗焕政权初期的韩国政府仍然奉行威权主义。政府对整个宗教界采取了更为系统化的法律和政治战略。政府文化公报部设立了宗教事务局，试图使热衷于参与社会事务的信徒接受政府的教育，阻止或调整那些批评政府的宗教活动，阻止宗教界内批判思想的扩散。并且，统治阶级在某些情况下寻求从外部强制对有利于维持既定秩序的宗教的接受，他们试图惩罚任何直接反对现状的宗教或反政府活动。[①]如全斗焕政权的镇压政策的代表性例子是1980年“10・27”法难事件。针对不友好的佛教界信徒，新军政府动员警察搜查了全国寺庙，并强制拘留了153名佛教界人士，进行“精神教育”。全斗焕政府还限制批评政府的宗教人士出国旅行和进行国际联络活动。此外，政府采取了各种镇压手段，如限制宗教广播电台的活动、审查宗教出版物、禁止宗教

---

① Maduro, O., *Religion and Social Conflicts*, Barr, R. R. (trans.), New York: Orbis Books, 1982, p.124.

物品的销售等。然而，随着韩国社会当时活跃的民主化运动，全斗焕政权后期的政府权力逐渐削弱。因此，政府对宗教的控制力也逐渐丧失。在民主化之后，宗教界逐渐获得了更加强大的影响力，除了与金钱有关的税收制度和政府补助金发放外，政府对其施加的控制和压制也减少了，表现出中立、无所偏袒和不干涉宗教团体内部事务的政府态度。

上述案例中，朴正熙和全斗焕政权通过强化国家权威并与宗教结合的方式，重组了佛教、基督教和天主教等主要宗教体制。这种结合不仅加强了政府对宗教的干预能力，也使得宗教成为支持和宣传国家意识形态的工具；对非主流宗教实施的分化统治策略，以及给某些宗教团体贴上“左翼”或“迷信”标签，体现了宗教霸权的压制性质。这种做法不仅限制了这些宗教团体的发展，也在本质上控制了它们的宗教性和合法性。政府对批判政府的宗教活动和个人可以任意采取严厉的镇压措施，这种做法旨在消除任何可能威胁政府权威的宗教声音，体现了宗教霸权在维护政治稳定中的作用。统治阶层通过强制手段促使宗教团体支持现有政治秩序，同时对反对派进行惩罚。这种压迫战略明确体现着政府对宗教团体内部事务的干预和控制，以及宗教团体在政治权力面前完全的从属地位。

第五章
对宗教霸权研究的反思与展望

第一节　宗教霸权理论的局限性及拓展

尽管奥托·马杜罗提出的宗教霸权理论在韩国的情况下可以被有效地运用，但马杜罗对于霸权战略中许多子战略所具有的相对重要性的变化、子战略之间独特的组合方式及其变化等方面几乎没有做出解释。他的霸权战略概念本身需要更加精细，以解释不同历史时期的多样性和变化。此外，更根本的问题是，马杜罗的理论是以拉丁美洲情况为前提的，明确地将拉丁美洲的宗教社会学作为目标，因此对于韩国或世界其他国家的情况的理论适用性会存在一定局限，这是显而易见的，应该被指出。

首先，拉丁美洲的情况是长期保持天主教作为国教或准国教地位，绝大多数人口信仰这一宗教。相反，在近现代的韩国社会，任何一种宗教都没有占据压倒性优势，形成了和中国类似的典型的竞争性和异质性的宗教局面。这恰恰是拉丁美洲和东亚国家社会最大的不同之处。

其次，在拉丁美洲，长达数个世纪的时间里，天主教会的文化统治一直存在，因此除非处于革命时期，即使是任何的威权政府，都很难正面挑战教会的权威，以坚实的武力优势来控制或干预教会事务也是很难想象的。此外，由于天主教会具有较完备的官僚组织，因此在拉丁美洲，宗教与宗教之间、宗教与非宗教之间的界限相对明确。定义异端、迷信和邪教的权力压倒性地归属于天主教会组织，而非国家政权。

最后，相比之下，像中国或韩国这样的东亚社会本身就对“宗教”这个舶来的概念不熟悉，宗教与宗教之间的边界、宗教与非宗教之间的边界常常是模糊的。在这种情况下，能够明确定义宗教与宗教之间、宗教与非宗教之间的边界的势力只有国家的强权和同样拥有强大组织能力与影响力的特定宗教。在朝鲜王朝崩溃后，宗教形态本身开始动荡，没有任何宗教能够获得主导宗教的地位，而是陷入相互对抗的局面。在这种情况下，唯一有能力对上述边界进行定义的只能是国家政权。国家所拥有的边界划定权力不仅最终决定什么是宗教和非宗教，什么是迷信和邪教，什么是真宗教和假宗教，甚至会对被贴上反社会、反民族、反国家标签的宗教进行直接的惩罚。

正如在拉丁美洲典型的情况一样，统治阶层的霸权战略倾向于与主要宗教建立友好关系。相比之下，韩国的宗教霸权战略的特点是具有压迫、排斥、敌对的性质，即冲突性更强。这种特点的形成主要受到冷战格局下分裂的制度影响，例如对“非宗教”范围的自我扩大倾向，对佛教和儒教的法律限制等殖民制度的遗产，独立后反共主义、反日主义、国家安全等政治标准的确立。在现代韩国，政府根据不同标准，例如意识形态、民族情感、国家主义、现代性和发展主义，任意混合并不断“创造”出应当破坏和驱逐的迷信、邪教和假宗教。由于国家拥有可怕的边界划定权力，许多韩国宗教在恐惧中生存，它们可能被视为红色宗教、反民族宗教、反国家宗教、反社会宗教、前现代宗教等。

尽管拉丁美洲和韩国都有长期存在的威权政治体制，但和一直追求与天主教会结盟的拉丁美洲威权政府不同，对于韩国强大的世俗政府来说，“不可亵渎的宗教”根本不存在。原则上来说，与拥有同质且垄断性宗教形态的国家相比，强权国家在多宗教的环境中，无论哪个宗教也不能占据绝对优势，那么也可以说韩国强有力的政府拥有更广泛的“宗教政策选择空间”，从最野蛮的宗教战略到最精妙的分治战略都有可能。换句话说，在韩国，强有力的政府在宗教政策方面拥有更多的发挥余地，可能会运用更加新颖的宗教政策，这对于宗教生存状态类似的中国政教关系研究，也是一个很好的借鉴。

韩国的案例无疑是对马杜罗的宗教霸权战略应用于拉丁美洲之外的世界其他地区的有效而充分的证明，我们看到了在这个过程中那些跨越传统时代、经历多宗教纷争的韩国宗教精英们不得不在宗教霸权战略的支配下，重视与政治精英的关系以求生存的事实。不过，我们也观察到了处于变革时代的政治精英们为了争取民心，也不得不重视与宗教团体关系的现实。因此，可以说，独立后韩国政治与宗教的关系是在动态关系中相互影响的。

本章旨在借助于韩国的例子，审视奥托·马杜罗的宗教霸权理论的应用，提出和探讨宗教与霸权这个概念的范畴。而根据政治和宗教之间在霸权战略下的动态关系所带来的结果来看，马杜罗的这一理论在过去和现在韩国社会发展中宗教与政治关系的研究上适用性和局限性是并存的，也是存在一定新的拓展空间的。

根据2004年韩国一家名为“调查与研究”（Research

and Research）的调查机构的调查，对于“是否有宗教信仰”的问题，有87%的韩国受访者回答有信仰，相较于12%回答没有信仰的受访者，信仰者占据压倒性优势。同时，在回答有信仰的87%中，超过63%的人表示对政治非常关注，而在回答没有信仰的12%中，只有47%的人表示对政治非常关注。这表明宗教信徒对政治更加关心。①韩国人这样的特点表明，宗教作为一个明确的因素在韩国政治中发挥作用。

这些统计数据与现代社会学家试图通过观察个人的宗教信仰和他们的政治态度来理论化宗教与政治之间动态关系的研究相一致。迄今为止，宗教与政治之间的关系可以说是一个循环往复的对抗与合作过程。从历史上看，一方面，有时宗教精英主导政治，将其宗教信仰作为社会普及的工具，有时政治精英利用宗教团体来巩固自己的支持基础。另一方面，宗教与政治也形成对抗关系，为了在社会中抢占主导地位而持续引发冲突。这种宗教与政治之间的关系可以说是动态的、微妙的且复杂的现象。不过，韩国学者姜仁哲也强调不要过于简化地将国家与宗教之间的关系分析

---

① Kim, J. H. and Z. Yang, “Religion and Political Tolerance in South Korea”, *East Asia: An International Quarterly*, Vol.27, No.2, 2010, p.187.

为“对抗与合作”的模式。[①]因为和政治国家领域一样，宗教领域也有各种各样的战略行动者存在。宗教组织定义其制度利益的方式或试图证明其制度利益的方法因宗教而异，因特定宗教内的宗派、教派，甚至是特定教派内的精英派别而不同。因此，如果强调这些多样化的战略行动者及其不同的政治选择，我们不仅要注意国家–宗教关系的“动态性”和“可变性”，还要注意这种关系的“复杂性”和“多样性”。[②]

笔者认为，除非是那些追求彻底的封闭主义、逃避主义和与世隔绝的宗教，社会中的宗教团体及其宗教精英们对政治不感兴趣或不与政治接触乃至染指，是几乎不可能的。因此，对于宗教精英而言，教务的增多或减少，宗教组织和领袖的政治、社会、文化影响力和地位，各种形式的特权或资源的提供或剥夺等宗教组织的制度利益，比宗教的教义或传统更加重要。在这种背景下，我们需要更多地关注宗教领袖主观定义的“制度利益”[③]，这通常比宗教的教义或传统更具实际意义。即使官方宣称遵循政教分离和政治不介入的策略，宗教领袖仍然可能会努力保持一定的政治影响

① 강인철, *한국의 종교 정치 국가 1945–2012*, p.6.

② 강인철, *한국의 종교 정치 국가 1945–2012*, p.31.

③ 강인철, *한국의 종교 정치 국가 1945–2012*, p.29.

力，以维护他们宗教的制度利益并防止意外的灾难。

姜仁哲将政治精英和宗教精英都视为战略性、主动性的行为主体。他认为政治精英和宗教精英都应被视为追求其独特利益关系的战略行动者。正是在这样的前提下，他认为在特定的历史时期，国家与宗教之间的战略互动是宗教-政治-国家研究的核心对象，需要对其进行描述和分析。[①]因此，政治与宗教之间的关系应该以两个群体之间的战略性互动的动态为中心来分析。这样，以政治与宗教之间战略性互动为中心，试图理解两个群体之间关系的方法被其称为“战略互动方法”。在这种方法中，通过分析政治精英对宗教精英的“霸权战略”和宗教精英对政治精英的“影响力战略”与“合法化战略”，来探讨政治与宗教的互动模式和机制。此外，为了探讨以宗教组织的制度利益为优先的宗教领导者的行为，他提出了一种新的“结构性方法”。这种方法可以说是探讨宗教领导者如何在追求他们教派的生存和发展过程中，如何回应政治集团的要求，以及如何积极参与政治来实现自己教派利益的途径。

姜仁哲的“战略互动方法”是对奥托·马杜罗提出的政治精英或统治阶层对宗教群体施加的霸权战略

① 강인철, *한국의 종교 정치 국가 1945–2012*, p.32.

的概念延伸。马杜罗认为，当宗教对社会的大量群体行为产生重大影响时，为了达到霸权目的，统治阶层的努力将朝向宗教方向。在这种情况下，统治阶层的霸权战略可压缩为“统治的神圣化和反抗的非神圣化”。也就是说，统治阶层试图通过从宗教中获得支持来合理化并神圣化统治，使统治具有超自然的、超社会的意义。当存在可能威胁统治阶层地位的个人或团体时，统治阶层会剥夺其合法性和正当性，以从宗教中获得支持，或至少通过激励宗教不采取不友好的态度来保持对自己的支持。如前文所述，奥托·马杜罗将统治阶层的霸权战略总结为经济、家庭、法律政治、教育和文化、压迫五种战略，如果这些战略成功实施，宗教和政治之间将产生相互渗透、趋同、相互负责和尊重的氛围。

姜仁哲认为，当将霸权理解为“强制和同意的结合”时，根据这两种结合方式，又可以将霸权战略分为包容性霸权战略和排斥性霸权战略。包容性霸权战略指国家为了获得宗教方面的自愿同意，提供各种福利和资源，主要针对主流宗教；而排斥性霸权战略则具有控制宗教的法律和政治强制压制的性质，主要针对非主流宗教。①

---

① 강인철, *한국의 종교 정치 국가 1945–2012*, p.43.

鉴于韩国政教关系发展的实例，在马杜罗的宗教霸权战略基础上，姜仁哲认为韩国宗教还存在对霸权战略的应对战略，即主流宗教势力的影响力战略和非主流或边缘宗教的合法化战略。影响力战略旨在维持或扩大主流宗教对政治和国家的影响力，以实现其制度利益。合法化战略则是非主流宗教为获得宗教公民权而采取的战略，旨在避免遭到负面诠释或标签化，其中包括七种战略：倾向于支持统治意识形态的战略、民族主义化战略、本地化战略、牺牲者化战略、脱离政治化战略、政治转向和公开证言战略、建立政治保护屏障战略。而影响力战略可以再细分为五种，即对最高统治者的接近战略、党派战略、政治社会影响战略、选举战略、社会运动战略。其中前四种战略可以看作狭义的政治参与，而社会运动则可视为“其他手段下的政治”。[①]

总的来说，韩国的政教关系情况是有特殊性的，而这种特殊性在历史上由两个因素构成：与垄断性宗教情况形成对比的宗教多元主义因素，以及国家对宗教领域具有控制力的国家威权主义因素。这两个因素经历了动态变化，并在不同的情况下以不同的方式相

① 강인철, *한국의 종교 정치 국가 1945–2012*, pp.129–150.

交。而在如今韩国社会的政治、文化和国民生活中陷入物质至上主义、个人主义等世俗价值的经济发展和现代化情况下，公民运动的因素也在统治阶层的宗教霸权战略和宗教团体应对战略的博弈中发挥越来越重要的影响。

我们看到，民主化后韩国政府对宗教的干涉和制裁到今天几乎已经消失了，韩国宗教界也成为世界上享受大量特权的宗教团体之一，例如免税和政府经济支持。韩国的宗教界作为一个战略性和主动性行动主体，其政治和社会甚至国际影响力仍然在不断扩大中。然而，最近一些调查表明，宗教团体的影响力明显低于公民团体，宗教的政治参与也被普通公民负面看待。[①]因此，宗教团体增强的影响力如何反映在普通公民身上，还是需要进一步考虑的。另外，随着韩国的民主化，不仅国家和政府的“伦理导师”角色被弱化，在国家和政治极力避免干涉社会宗教问题的同时，公民运动却在宗教问题上的介入频率大幅增加，不久前因朴槿惠案引发的韩国社会的“烛光革命”就是一个很好的例子。由于国家、公民运动、宗教的关

---

① 강인철, “해방 후 한국 종교－정치 상황의 특성과 변동 분석틀 구성을 위한 시론”, *종교문화비평*, 제 18 권, 제 18 호, 2010, pp.163−203.

系错综复杂，宗教与国家的关系相对于以前更加动态化，因此也更加难以预测。

第二节　宗教霸权的尽头

在宗教学理论界一直有声音预测随着全球现代化和世俗化的发展，宗教将消失或其社会重要性将大大降低。所谓的世俗化论就是建立在这种观点的基础之上的。世俗化论从现代化论和马克思主义阶级论这两种西方智识界的对立观点中产生。[①]然而，现在有很多证据表明这种想法是值得商榷的。全世界的宗教信徒数量不仅没有减少，反而在增加。当然，不同地区的情况是不同的。根据诺里斯和英格哈特的研究，过去50年除美国外的大多数发达工业国家越来越世俗化，而全世界拥有传统宗教信仰的人比以往任何时候都要多。[②]美国是发达工业社会中一个极度宗教化的例外，但其原因尚未得到充分解释[③]，要理解这一点，则需要

---

① Wald, K. D. and A. Calhoun-Brown, *Religion and Politics in the United States*, Lanham: Rowman & Littlefield Publishers, 2011. pp.4–8.

② Norris, P. and Ronald Inglehart, *Sacred and Secular: Religion and Politics Worldwide*, Cambridge: Cambridge University Press, 2011, p.217.

③ Norris, P. and Ronald Inglehart, *Sacred and Secular: Religion and Politics Worldwide*, Cambridge: Cambridge University Press, 2011, p.240.

充分了解美国的历史。无论如何，在各个社会中，宗教不仅依旧兴盛，而且在政治上也发挥着非常重要的作用。在1970年代至1980年代的南美、韩国、菲律宾等地，基督教势力在民主化运动中占据了重要地位，许多民族主义的兴起也在很大程度上以宗教为基础。1980年代在美国开始兴起的福音派势力的政治参与不仅吸引了信徒的眼球，近年来伊斯兰原教旨主义者势力也大肆崛起，波及欧美。不同宗教之间的冲突和矛盾也越来越多。塞缪尔·亨廷顿在1990年代提出了文明冲突论，引起了许多争议。他认为，宗教是文明的核心。无论是否接受他的观点，以宗教为基础的冲突在世界各地不断增加是事实，宗教与政治紧紧缠绕。

宗教和政治的关系与争议有很多方面：国家的宗教政策；宗教界的政治参与（为实现自身利益或宗教信仰）；国家通过宗教动员和宗教化政治党派，塑造以宗教为基础的国家（如伊斯兰国家）；国家和宗教界的合作或冲突；不同宗教之间的政治对立；特定宗教与特定政治体制的亲和性；特定宗教与经济社会现代化的亲和性；特定宗教的选民倾向和意识形态倾向；宗教信徒和非信徒的政治行为差异；等等。此外还有很多其他类别的或同类别的细微争议，例如宗教市场结构与宗教的政治性质之间的关系等。[①]本书旨在探讨作为宗教学关键词的宗教霸权问题，以及由此引发的宗教与政治之间的各种关系。那么，宗教与政治权力是必然相关吗?

通过分析可以看到，在某些历史时期和文化背景下，宗教与政治权力之间的关系密不可分。例如，在欧洲中世纪，宗教与国家权力经常交织在一起，教会在政治决策中发挥重要作用。同样，在其他文化中，如伊斯兰教或佛教文化中，宗教也曾在或仍在政治生活中扮演着关键角色。政治权力和宗教势力有时互相利用对方来达到各自的目标。政治权力可能利用宗教来增强其合法性和影响力；宗教团体也可能利用政治力量来实现其宗教目标或扩大影响范围。在某些情况下，宗教还可能成为政治争议的焦点，尤其是在涉及道德、文化和社会价值观的问题上。在这些情况下，宗教势力可能参与到政治讨论和决策过程中，影响政治权力的运作。

然而，宗教与政治权力之间的关系并不是必然的，原因在于不同社会和历史背景下，宗教和政治的互动

---

① 参见 Jelen, T. G. and C. Wilcox (eds.), *Religion and Politics in Comparative Perspective: The One, the Few, and the Many,* Cambridge: Cambridge University Press, 2002。

模式存在显著差异。首先，不同的社会和文化对宗教与政治的关系有不同的看法和处理方式。在一些社会中，宗教与政治可能紧密相连，而在其他社会中，则可能强调政教分离。不同国家和文化的历史发展路径决定了宗教和政治之间的关系。例如，西方国家的启蒙运动和现代化进程强调了理性、科学和政教分离，而其他地区可能有不同的发展路径，导致政治与宗教关系的不同。其次，不同的政治体制决定了宗教在政治中的作用和地位。例如，民主体制倾向于强调个人自由和政教分离，而一些威权体制可能将宗教作为统治的工具。再次，宗教内部的多样性和宗教间的差异也影响着其与政治的关系。不同的宗教传统和教义对于与政治权力的关系有不同的态度和反应。最后，最为关键的是，随着时代的变迁，社会的观念和价值观在不断演变，宗教与政治的关系也随之变化。现代社会趋向于强调个人权利和多元化，这可能导致宗教与政治的分离。许多国家的宪法和法律也明确规定了政教分离的原则，这对宗教与政治权力之间的关系产生了重要影响。可见，宗教与政治权力之间的关系受到多种因素的影响，这些因素在不同社会和历史背景下表现出不同的配置和动态，因而不能被视为一种普遍必然的关系。

那么，政教分离会是宗教霸权的尽头吗？在现代国家构建中，政教分离原则成了一种重要的治国理念。许多国家的宪法明确规定了政教分离，以保证宗教自由和防止宗教势力干预政治事务。在某种意义上，可以认为“宗教霸权”和“政教分离”是具有对立性质的概念，但它们的关系更复杂，也并不完全是简单的反义词关系。

这两个概念在宗教与政治互动的背景下表达了不同的组织和权力结构。宗教霸权通常指的是宗教势力在政治、社会和文化中占据主导地位的情况，其中宗教团体或教义对政治决策、社会规范和文化价值观具有重要影响。还需要说明的是，这里所说的宗教参与政治并不是指信徒或教徒个人的参与，而是指作为宗教集团或制度的参与。即使是个人参与，只要借助宗教制度的名义，也可以被视为宗教参与政治。宗教霸权可能表现为宗教团体直接参与政府决策，或者政治权力和宗教权力高度融合。而政教分离则强调宗教和政府应该是两个独立的领域，政府不应干预宗教事务，宗教也不应直接影响政治决策。这一原则旨在保护宗教自由和避免政治被特定宗教势力所控制。从这个角度来看，宗教霸权和政教分离在政治组织和社会结构上呈现出对立的特性。人们可能会简单地认为，在宗教霸权影响下，宗教和政治权力可能相互渗透，宗教可能在政治决策中发挥显著作用；而在政教分离的体系中，宗教与政府被明确区分开来，宗教不直接参与政府的运作，政府也不干预宗教事务。因此，它们在理念和实践上通常被视为相对立的概念。然而，实际情况可能更为复杂，因为宗教与政治的关系受到历史、文化和社会背景的影响，可能会出现多种不同的形态和互动模式。在某些情况下，即使在政教分离的原则下，宗教仍可能通过非直接方式对政治和社会产生影响。

无疑，行文到最后，从“宗教霸权”可以引出对另一个宗教学理论范畴即“政教分离”的关注，继而我们势必又会提出一些新的问题，诸如：什么是宗教与政治的分离？如果这种“分离”意味着不仅仅是简单的分离，那么我们应该如何扩展这个术语以赋予其更多的意义？在现代社会中，宗教与政治的完全分离是否过于理想化或真的可行？宗教与政治又该如何分离？这个原则是仅仅意味着国家在宗教方面是中立的吗？还是意味着在公共领域中完全排除宗教霸权的行为或象征？或者是禁止宗教团体以任何形式参与政治？宗教霸权与政教分离在理念和实践中的差异有哪些？它们之间的潜在冲突和可能的协调方式又是什么？宗教霸权与政教分离是否可以共存呢？如果宗教霸权不可避免，哪种形式的政治参与才是可接受的？等等。另外，国家和宗教组织之间的对抗、合作及竞争等问题也同样需要讨论。

此外，我们审视了宗教霸权相关的一般性问题，但还需要进行深入的研究，以了解不同国家统治阶层和宗教势力在宗教霸权互动关系之间力量平衡的变化，以得出更具普遍意义的结论。对这些问题的解答，都将会是我们的研究可以继续拓展的有趣课题。

参考文献

中文文献

冯燕芳:《拉克劳和墨菲的政治哲学研究》,人民出版社2023年版。

郭咔咔:《从詹姆逊、拉克劳到齐泽克——后马克思主义意识形态论研究》,中国社会科学出版社2023年版。

和磊:《葛兰西与文化研究》,中国社会科学出版社2011年版。

金泽:《宗教学理论新探》,商务印书馆2022年版。

李放春:《瞿秋白与“领导权”的定名——Hegemony概念的中国革命旅程(1923—1927)》,《近代史研究》2021年第5期。

刘春晓:《救赎下的解放——对“解放神学”的马克思主义研究》,首都师范大学出版社2012年版。

刘近:《葛兰西文化领导权理论及其当代价值》,社会科学文献出版社2019年版。

潘西华:《葛兰西文化领导权思想研究》,社会科学文献出版社2012年版。

苏杭:《韩国基督教与民族-国家认同》,世宗文献出版社2023年版。

苏杭:《韩国宗教认同特征分析》,《宗教学研究》2018年第1期。

孙民:《政治哲学视阈中的“意识形态领导权”——从葛兰西到拉克劳、墨菲》,人民出版社2012年版。

孙宜晓:《葛兰西历史主义思想研究》,合肥工业大学出版社2013年版。

杨煌:《解放神学:当代拉美基督教社会主义思潮》,中国社会科学出版社2006年版。

仰海峰:《实践哲学与霸权:当代语境中的葛兰西哲学》,北京大学出版社2009年版。

叶惠珍:《葛兰西文化领导权思想及其话语路径研究》,社会科学文献出版社2016年版。

叶健辉:《拉丁美洲解放神学:从1968到1492》,宗教文化出版社2021年版。

叶健辉:《托邦:拉丁美洲解放神学研究初步》,中央编译出版社2015年版。

张羽佳:《葛兰西》,陕西师范大学出版社2017年版。

仲帅:《布哈林与葛兰西文化领导权思想比较研究》,哈尔滨工程大学出版社2019年版。

〔古希腊〕希罗多德:《历史》,王以铸译,商务印书馆2007年版。

〔古希腊〕修昔底德:《伯罗奔尼撒战争史》,谢德风译,商务印书馆2018年版。

〔古希腊〕亚里士多德:《政治学》,吴寿彭译,商务印书馆1965年版。

〔加〕艾夫斯,彼得:《葛兰西:语言与霸权》,李永虎、王宗军译,社会科学文献出版社2018年版。

〔美〕阿布-卢格霍德,珍妮特·L.:《欧洲霸权之前:1250—1350年的世界体系》,杜宪兵等译,商务印书馆2024年版。

〔美〕亨廷顿，塞缪尔：《第三波：20世纪后期的民主化浪潮》，中国人民大学出版社2013年版。

〔美〕亨廷顿，塞缪尔：《文明的冲突》，周琪等译，新华出版社2017年版。

〔美〕史密斯，安娜·玛丽：《拉克劳与墨菲：激进民主想象》，付琼译，江苏人民出版社2011年版。

〔意〕葛兰西，安东尼奥：《葛兰西文选》，人民出版社2008年版。

〔意〕葛兰西，安东尼奥：《葛兰西狱前著作选》，中国政法大学出版社2003年版。

〔英〕安德森，佩里：《原霸：霸权的演变》，李岩译，当代世界出版社2020年版。

〔英〕琼斯，斯蒂夫：《导读葛兰西》，相明译，重庆大学出版社2014年版。

〔英〕泰勒A. J. P.：《争夺欧洲霸权的斗争（1848—1918）》，沈苏儒译，商务印书馆2021年版。

〔英〕沃特菲尔德，罗宾：《征服希腊：罗马与地中海霸权》，韩瑞国译，社会科学文献出版社2023年版。

外文文献

Anderson, P.. *The H-Word: The Peripeteia of Hegemony*. London and New York: Verso, 2017.

Armstrong, K.. *Jerusalem: One City, Three Faiths*. New York: Alfred A. Knopf, 1996.

Asbridge, T., D. Perkins, *et al.*. *The Crusades: The Authoritative*

History of the War for the Holy Land. New York: Harper Audio, 2016.

Barraclough, G.. *The Medieval Foundation*. London: Thames and Hudson, 1978.

Barstow, A.L.. *Witchcraze: A New History of the European Witch Hunts*. San Francisco: HarperOne, 1994.

Bates, T. R.. "Gramsci and the Theory of Hegemony", *Journal of the History of Ideas*, 36(2), 1975.

Bellah, R.N.. "Religious Evolution", *American Sociological Review*, 29, 1964.

Bellah, R.N.. *Varieties of Civil Religion*. New York: Harper & Row, 1980.

Benthall, J.. *Islamic Charities and Islamic Humanism in Troubled Times*. Manchester: Manchester University Press, 2016.

Broedel, H.P.. *The Malleus Maleficarum and the Construction of Witchcraft*. Vancouver: University of British Columbia Press, 2003.

Chantraine, P.. *Dictionnaire étymologique de la langue grecque*. Paris: Klincksieck, 1968.

Chapman, M.. *The Establishment of the Church of England in the Anglican Tradition*. London: Routledge, 2016.

Crehan, K.. *Gramsci, Culture and Anthropology*, Oakland: University of California Press, 2002.

Fontana, B.. *Hegemony and Power: On the Relation between Gramsci and Machiavelli*. Minneapolis: University of Minnesota Press, 1993.

Grace, D.. "The Evolution of the Sociology of Religion: Theme and Variations", *Handbook of the Sociology of Religion*, Cambridge: Cambridge University Press, 2003.

Gramsci, A.. *Prison Notebooks*. New York: Columbia University Press, 2011.

Grayson, J.. *Korea—A Religious History*. London: Routledge Curzon, 2002.

Jelen, T.G., C. Wilcox (ed.). *Religion and Politics in Comparative Perspective: The One, the Few, and the Many*. Cambridge: Cambridge University Press, 2002.

Lee, S.T.. *Religion and Social Formation in Korea*. Berlin: Mouton De Gruyter, 1996.

Maduro, O.. *Religion and Social Conflicts*. New York: Orbis Books, 1982.

Maduro, O.. *Maps for a Fiesta: A Latina/o Perspective on Knowledge and the Global Crisis*. New York: Fordham University Press, 2015.

Maduro, O.. *Religion and Social Conflicts*. Oregon: Wipf and Stock, 2005.

Maduro, O. (ed.). *Judaism, Christianity, and Liberation: An Agenda for Dialogue*. Oregon: Wipf and Stock, 2008.

Maduro, O.. "New Marxist Approaches to the Relative Autonomy of Religion", *Sociological Analysis*, 1977, 38(4).

Maduro, O.. "'Religion' Under Imperial Duress: Postcolonial Reflections and Proposals", *Review of Religious Research*, 2004, 45(3).

Nesbitt, P. (ed.). *Religion and Social Policy*. Lanham: AltaMira Press,

2001.

Norris, P., R. Inglehart. *Sacred and Secular: Religion and Politics Worldwide*. Cambridge: Cambridge University Press, 2011.

Norwich, J.J.. *The Popes: A History*. New York: Vintage Books, 2011.

Pichon, C.. *The Vatican and Its Role in World Affairs*. Louisville: Bellarmine University Press, 2020.

Segovia, F.F.. “Otto Maduro: In Remembrance and Celebration”, *Journal of the American Academy of Religion*, 2014, 82(1).

Tawney, R.H.. *Religion and the Rise of Capitalism*. New York: Verso Books, 1926.

Tierney, B.. *The Crisis of Church and State 1050–1300*. Toronto: University of Toronto Press, 1988.

Twiss, S.B.. *Religion and Public Policy: Human Rights, Conflict, and Ethics*. Cambridge: Cambridge University Press, 2015.

Yinger, J.M.. *The Scientific Study of Religion*. London: Macmillan, 1970.

강돈구, “미군정의 종교정책”, *종교학연구*, 제12집, 서울대학교 종교학연구회, 1993.

강돈구, *근대 한국 종교문화의 재구성*, 서울: 한국학중앙연구원, 2006.

강돈구, *한국 근대종교와 민족주의*, 서울: 집문당, 1992.

강돈구, *현대 한국의 종교와 정치*, 서울: 한국학중앙연구원, 2009.

강인철, “해방 후 한국 종교－정치 상황의 특성과 변동 분석틀 구성을 위한 시론”, *종교문화비평*, 제18권, 2010.

강인철, *경합하는 시민종교들*, 서울: 성균관대학교출판부,

2019.

강인철, *시민종교의 탄생* , 서울: 성균관대학교출판부, 2019.

강인철, *종교정치의 새로운 쟁점들*, 오산: 한신대학교출판부, 2012.

강인철, *한국기독교회와 국가 시민사회1945 ~ 1960*, 서울: 한국기독교역사연구소, 2003.

강인철, *한국의 개신교와 반공주의*, 서울: 중심, 2007.

강인철, *한국의 종교 정치 국가 1945—2012*, 오산: 한신대학교출판부, 2013.

강인철, *한국의 종교, 정치, 국가*, 오산: 한신대학교 출판부, 2013.

강인철, *민중 저항하는 주체 이론* , 서울: 성균관대학교출판부, 2023.

김용복, "해방 후 교회와 국가" , *국가권력과 기독교*, 한국기독교사회문제연구원 편, 민중사, 1982.

김지방, "대통령들의 종교" , *기독교사상*, 제758호, 2022.

노기남, *나의 회상록*, 서울:가톨릭출판사, 1969.

노기남, *당신의 뜻대로*, 서울: 휘문출판사, 1978.

노길명, "광복 이후 한국종교와 정치 간의 관계—해방공간부터 유신시기 까지 를 중심으로" , *종교연구*, 27집, 2002.

노길명, *한국의 종교운동*, 서울: 고려대학교출판부, 2005.

박광수, "남북종교교류의 역사적 전개과정 연구" , *종교연구* , 37집, 2004.

박영배, "경제발전과 종교적 역할" , *한국교수불자연합학회지*, 15(1), 2008.

송운석, 김경태, "해방이후 한국 정치와 종교 간의 전략적 상

호작용에 관한 연구”, *한국행정사학지*, 제35호, 2014.
오경환, *교회와 국가: 오경환신부 화갑기념논문집*, 인천: 인천가톨릭대학교 출판부, 1997.
오경환, *종교사회학*, 파주: 서광사, 1990.
오토 마두로, *사회적 갈등과 종교*, 강인철 역, 서울: 한국신학연구소, 1988.
윤승용, *현대 한국종교문화의 이해*, 파주: 한울아카데미, 1997.
이진구, “역대 대통령 선거와 종교 문제”, *기독교사상*, 제758호, 2022.

图书在版编目（CIP）数据

宗教霸权 / 苏杭著. — 北京：商务印书馆, 2024.（宗教学关键词 / 金泽主编）. — ISBN 978 – 7 – 100 – 24190 – 8

Ⅰ. B920

中国国家版本馆 CIP 数据核字第2024Q22A89号

宗教学关键词（第一辑）
宗 教 霸 权
苏 杭 著

商 务 印 书 馆 出 版
（北京王府井大街36号 邮政编码 100710）
商 务 印 书 馆 发 行
山 东 临 沂 新 华 印 刷 物 流
集 团 有 限 责 任 公 司 印 刷
ISBN 978 – 7 – 100 – 24190 – 8

2024年8月第1版 开本 889×1194 1/32
2024年8月第1次印刷 印张 4⅛

定价：158.00元（全七册）